河北省金融学重点学科建设经费资助项目（JY2016QR14）

河北省科技金融协同创新中心资助项目（JY2016ZB51）

河北省高等学校人文社会科学重点研究基地：河北金融学院金融创新与风险管理研究中心

资助

地方政府投融资平台转型发展研究

2017

胡恒松 黄伟平 李　毅 肖一飞◎著

THE TRANSFORMATION AND
DEVELOPMENT OF
LOCAL GOVERNMENT'S INVESTMENT AND
FINANCING PLATFORM 2017

经济管理出版社

ECONOMY & MANAGEMENT PUBLISHING HOUSE

图书在版编目（CIP）数据

地方政府投融资平台转型发展研究 2017/胡恒松等著. —北京：经济管理出版社，
2017.9（2018.5重印）
ISBN 978-7-5096-5330-2

Ⅰ.①地…　Ⅱ.①胡…　Ⅲ.①地方政府—投融资体制—研究—中国　Ⅳ.①F832.7

中国版本图书馆 CIP 数据核字（2017）第 219811 号

组稿编辑：申桂萍
责任编辑：梁植睿　高　娅　侯春霞　赵亚荣
责任印制：黄章平
责任校对：雨　千

出版发行：经济管理出版社
　　　　　（北京市海淀区北蜂窝 8 号中雅大厦 A 座 11 层　100038）
网　　　址：www. E-mp. com. cn
电　　　话：（010）51915602
印　　　刷：北京玺诚印务有限公司
经　　　销：新华书店
开　　　本：720mm×1000mm/16
印　　　张：14.25
字　　　数：223 千字
版　　　次：2017 年 9 月第 1 版　2018 年 5 月第 4 次印刷
书　　　号：ISBN 978-7-5096-5330-2
定　　　价：68.00 元

序 一

截至 2013 年 6 月，全国政府性债务总额高达 20.6 万亿元，尤其是各类地方政府债务（含偿还责任、担保责任、救助责任债务）高达 17.89 万亿元。2014 年 10 月，国务院发布《国务院关于加强地方政府性债务管理的意见》（国发〔2014〕43 号），明确要求剥离融资地方政府投融资平台的政府融资职能，地方政府投融资平台开始面临转型问题。但是，地方政府融资举债规模依然进一步攀升。

2016 年 11 月 14 日，国务院办公厅印发《地方政府性债务风险应急处置预案》（国办函〔2016〕88 号），对存量债务的风险管理、后期处置及保障措施等进行了规定。2017 年 4 月 26 日，财政部等五部委联合发布《关于进一步规范地方政府举债融资行为的通知》（财预〔2017〕50 号），要求政府不得通过担保、承诺等形式增加隐性负债。2017 年 5 月 28 日，财政部发布《关于坚决制止地方以政府购买服务名义违法违规融资的通知》（财预〔2017〕87 号），严禁以政府购买服务的名义变相融资，并制定了负面清单。2017 年 7 月 14 日至 15 日，第五次全国金融工作会议首次提出"终身问责，倒查责任"的制度。凡此种种，可见中央严控地方政府债务、力促平台转型的决心，地方政府投融资平台转型已迫在眉睫。

转型已成为地方政府投融资平台的必然选择，对于完全覆盖型的地方政府投融资平台而言，其可以转型为普通企业。对半覆盖型准公益平台而言，其可以转制为地方公营结构，融入社会资本。对无覆盖型且纯粹为政府融资的投融资平台而言，其可以选择退出市场。地方政府可以根据各地的具体情况，整合现有资源，完善产业布局，将杂乱无章的地方政府投融资平台重组形成一个具有市场竞争力现代化的大型国有集团。

地方政府投融资平台转型已成共识，但是对于全国成千上万家地方政府投融资平台而言，由于其地理位置、管理制度以及经营能力的不同，其转型的程度也存在着巨大的差异。遗憾的是，在此之前，社会上并没有一套系统的评价标准来衡量评价地方政府投融资平台转型的效果，河北金融学院副教授胡恒松博士于此时推出本书，大胆尝试，首次构建了一个较为完整的地方政府投融资平台评价体系，评价地方政府投融资平台转型效果，呼应了当前中央政府剥离地方政府投融资平台政府融资功能、实现平台市场化转型的要求，为全国上千家地方政府投融资平台提供了纵向比较，为地方政府投融资平台未来转型提供了有益的政策和技术支持。

本书是胡恒松博士继《产融结合监管问题及制度创新研究》和《我国地方政府融资体系的构建——基于对政府融资平台的研究》之后，紧贴地方政府投融资平台转型发展热点的又一延伸。该著作通过对各级地方政府投融资平台按照省、地级市、区县来进行分类，对各公司的财务指标、社会责任指标、国有资产运营指标等进行科学的赋值，最终形成一个具有说服力的地方政府投融资平台转型效果评价排名，同时辅以几份典型转型案例展开全面分析。为大家全方位地展现了我国地方政府投融资平台的转型现状，为各级政府投融资平台转型发展提供了一个全方位的参考。

地方政府投融资平台曾为地方发展做出了巨大贡献，我们也相信未来其亦将一如继往，转型升级所有地方政府投融资平台已成为当前极为紧迫的任务。如今面对转型，需要政府和市场各方积极探索，全力配合，共同破解转型难题。衷心希望这本著作可以帮助国内政府投融资平台、政府部门以及研究工作者更加深入地了解国内政府投融资平台目前转型现状，共同促进政府投融资平台转型与国内市场化改革的协调发展，促进政府投融资平台在实现伟大复兴中国梦的征程中健康发展。

乔宝云

中央财经大学教授、博士生导师

中央财经大学中国公共财政与政策研究院院长

2017 年 8 月 1 日于北京

序　二

地方政府投融资平台是中国经济与政治体制下地方政府为发展地方经济的特殊产物，它承担地方政府一些重大项目的投融资职能，地方政府投融资平台的投融资活动有效推动了地方经济的发展与城镇化水平的提升。

20世纪90年代，旧时的《预算法》《担保法》和《贷款通则》等极大地限制了地方政府的融资途径，导致地方政府在基础设施、公共服务等建设过程中捉襟见肘，严重制约了地方经济发展。对于地方政府投融资平台的困局，其根本原因在于财政分权改革后所带来的中央与地方政府财权和事权不匹配，地方政府长期面临基建资金不足、融资渠道受限的窘境。随着地方经济建设进程的不断推进，地方政府融资规模急速扩张，其偿债压力不断增大。与此同时，由于地方政府投融资平台治理结构不健全、担保行为不规范、项目投资效率低等问题日益凸显，地方政府投融资平台对于地方经济的贡献是否可持续以及地方政府投融资平台过度融资带来的地方债务风险成为各方关注的焦点。

在新常态下，我国宏观经济和区域经济的发展都呈现出新的特点，地方政府投融资平台仍然是解决地方资金缺口的有效途径，是地方综合实力进步与发展的引擎。短期来看，地方政府投融资平台仍有其继续存在的必要性与合理性，但面对地方政府投融资平台的畸形特质所引发的一系列严重后果，必须对其体制机制所存在的缺陷进行纠正，加快推进转型发展。

对于中国地方政府投融资平台而言，2014年10月2日《国务院关于加强地方政府性债务管理的意见》（国发〔2014〕43号文）的出台，是地方政府投融资平台转型发展的开端。国发〔2014〕43号文明确剥离融资平台的政府性融资职能。自此，各部委及地方政府就地方政府债务管理出台了多项文件，逐渐完善了地方政府债务管理相关制度，尽管如此，地方政府违规举债问题仍存在，如明股实债的 PPP、产业基金、违规政府购买服务等。随着监管逐步加码，国办函〔2016〕88 号文作为国发 43 号文的延伸，明确或有债务责任，细化风险处置机制；财预〔2017〕50 号关注政府融资担保，严格规范 PPP、各类型产业基金；财预〔2017〕87 号又限制以政府购买服务之名行违规举债之实。其主要意义都在于控制地方债务风险，化解地方债务，促进地方政府投融资平台转型发展。2017 年 7 月 14~15 日，第五次全国金融工作会议在京召开，会上再次强调了要严控地方政府债务增量，严防系统性风险的发生，并首次提出"终身问责，倒查责任"的制度，足以窥见我国对于地方债务的管控力度与决心，地方政府投融资平台转型势在必行。

面对中国地方政府债务问题严峻，对于地方政府投融资平台的质疑之声迭起，胡恒松博士等此时推出的《地方政府投融资平台转型发展研究 2017》可谓是非常及时的，恰恰响应了当前地方政府投融资平台举债规范化的要求。本书研究的核心问题是地方政府投融资平台的转型发展，通过构建一个较为完整的地方政府投融资平台评价体系，将地方政府投融资平台按照行政级别划分为省、地级市、区县三级进行分析。本书基于公司业绩、市场化转型、社会责任三个板块进行综合评价，上述三个指标将作为一级指标，在每个一级指标下设二级指标，通过指标赋值整合后形成对于地方政府投融资平台的总体评分，同时列示各级地方政府投融资平台的具体排名情况并对排名结果进行解析。本书主要以中国地方政府投融资平台转型发展评价理论篇与实践篇的形式呈现，数据丰富，内容翔实，致力于为地方政府投融资平台的转型发展提供参考及借鉴，促进地方政府投融资平台的良性发展，进而助力地方经济的发展。

目前，我国已进入全面建成小康社会的攻坚阶段，也处于区域发展的关键时期，必须准确判断并认识区域发展的新形势，牢牢把握区域发展所蕴含的机遇，对地方政府债务问题的管控对区域经济发展的影响毋庸置疑。在此背景下，地方政府应从建设新型地方政府融资体系的角度出发，切实处理好地方政府投融资平台存在的风险和问题，加强风险防范意识，提高风险管理能力，采取措施积极防范金融危机，以捍卫国家金融安全，保证地方经济持续、健康、稳定发展。

序 二

为者常成，行者常至。胡恒松博士是河北金融学院副教授、中国人民大学经济学院区域与城市经济研究所的博士后，长期从事融资领域的工作，积累了丰富的实践经验。希望《地方政府投融资平台转型发展研究 2017》一书可以为政府经济政策的制定拓宽思路，为地方政府投融资平台的转型发展提供参考，并在具体实践中不断加以调整与探索，进而有效地防范债务风险。

是为序。

孙久文

中国人民大学经济学院教授、博士生导师

区域与城市经济研究所所长

全国经济地理研究会会长

2017 年 8 月 1 日于问渠书屋

序 三

自 20 世纪 90 年代起，由于土地财政的兴起，地方政府投融资平台承担了地方政府融资的重要职能。在《国务院关于加强地方政府性债务管理的意见》（国发〔2014〕43 号）（以下简称"43 号文"）之前，各部委对地方政府投融资平台债务进行了"小修小补"式的监管，但缺乏顶层设计的纲领。新《预算法》和"43 号文"的出台奠定了地方政府债务管理顶层设计的基础，此后地方债管理体系、地方融资平台债务体系和财政预算体系三者的关系进一步巩固，地方政府债务管理进入系统性的监管时代。

"43 号文"、"88 号文"和"50 号文"都要求地方融资平台向市场化转型，同时赋予了地方政府发债的权力，增加地方债品种供给，开正门堵后门。但当前地方政府投融资平台面临着三大矛盾——治理结构矛盾、体制改革矛盾、运作经验矛盾，以及四大问题——合力方向问题、发展源头问题、机制保障问题和能力储备问题。要解决政府与市场的关系，涉及地方政府财权与事权的重塑、中央和地方关系的重构，地方政府投融资平台向市场化转型不可能一蹴而就。

当前地方政府债务增长快速，即使通过正规的地方债渠道融资，部分地区的债务率已经超过预警线，未来债务增长空间有限，这也将倒逼地方政府投融资平台向市场化转型。随着地方融资功能的剥离，平台承担的历史责任也将随之结束，去平台化趋势明显。从各地平台的发展实践看，优秀地方政府投融资平台的发展一般需要经历三个阶段的跨越，最终实现从单纯的"土地运作模式"跨越至"产业经营与资本经营两翼齐飞模式"。各省政府间资质、地方政府与平台资质、平台与平台间资质分离加剧，推动地方政府、平台融资向市场化方向发展。在 2017 年 7 月 14~15 日，第五次全国金融工作会议强调"严控地方政府债务增量，终身追责，倒查责任"，足见高层对地方政府债务管控之决心，地方政府投融资平台转型也是势在必行。

面对当前严峻的地方政府债务问题，需要系统梳理地方债务与融资平台的债务体系，以及融资平台转型的成功经验。在地方融资平台研究领域，河北金融学院副教授胡恒松博士具有多年的研究心得和债券承揽、承销实践经验，对融资平台业务操作模式有着深入、系统的认识。他将一线实践经验与研究方法论相结合，顺应投研需求，推出《地方政府投融资平台转型发展研究2017》一书，旨在为广大投资者提供行之有效的研究、投资参考。

本书由理论篇和实践篇两大部分组成，理论篇基于对地方政府投融资平台及其发展环境的全面认识和掌握，通过构建指标评价体系，产生省、地级市、区县三级政府投融资平台的评价结果，并对其转型发展展开分析。实践篇选取具有典型参考意义的地方政府投融资平台转型及地方政府债务管控案例进行深入剖析，提供地方政府管控和地方政府投融资平台转型的思路。本书逻辑缜密、数据翔实、内容丰富，给地方政府融资平台未来转型发展及地方政府债务管理提供重要的参考依据，为广大投资者提供非常实用性的参考依据。

是为序。

王斌

兴业证券研究所所长

2017 年 8 月 1 日于上海

目 录

理论篇

实践篇

理论篇

第一章
地方政府投融资平台概念及发展环境

第一节
地方政府投融资平台的概念

一、地方政府投融资平台的概念界定

根据国务院 2010 年 6 月 10 日印发的《国务院关于加强地方政府投融资平台管理有关问题的通知》(国发〔2010〕19 号),地方政府投融资平台是指由地方政府及其部门和机构等通过财政拨款或注入土地、股权等资产设立,承担政府投资项目融资功能,并拥有独立法人资格的经济实体。[①] 2010 年 7 月 30 日,财政部、发改委、人民银行、银监会四部委联合下发的《关于贯彻〈国务院关于加强地方政府投融资平台管理有关问题的通知〉相关事项的通知》(财预〔2010〕412号)进一步明确地方政府投融资平台具体包括各类综合性投资公司,如建设投资公司、建设开发公司、投资开发公司、投资控股公司、投资发展公司、投资集团公司、国有资产运营公司、国有资本经营管理中心等,以及行业性投资公司(如

[①] 资料来源:国务院办公厅,http://www.gov.cn/zhengce/content/2015-05/15/content_9760.htm.

交通投资公司等)。①2010 年以来各部委文件对地方政府投融资平台的定义如表 1-1 所示。

表 1-1　2010 年以来各部委文件对地方政府投融资平台的定义

发文单位	文件名称	地方政府投融资平台定义
国务院	《国务院关于加强地方政府投融资平台公司管理有关问题的通知》	由地方政府及其部门和机构等通过财政拨款或注入土地、股权等资产设立，承担政府投资项目投融资功能，并拥有独立法人资格的经济实体
财政部、发改委、人民银行、银监会	《关于贯彻〈国务院关于加强地方政府投融资平台公司管理有关问题的通知〉相关事项的通知》	由地方政府及其部门和机构、所属事业单位等通过财政拨款或注入土地、股权等资产设立，具有政府公益性项目投融资功能，并拥有独立企业法人资格的经济实体，包括各类综合性投资公司，如建设投资公司、建设开发公司、投资开发公司、投资控股公司、投资发展公司、投资集团公司、国有资产运营公司、国有资本经营管理中心等，以及行业性投资公司（如交通投资公司等）
银监会	《中国银监会办公厅关于地方政府融资平台贷款清查工作的通知》	综合性公司、行业性公司、政府性机构（包括政府组成部门及政府财政预算拨款的事业单位）、土储性公司（中心）四类
银监会	《关于地方政府融资平台贷款监管有关问题的说明》	由地方政府出资设立并承担连带还款责任的机关、事业、企业三类法人
国务院办公厅	《关于妥善解决地方政府投融资平台公司在建项目后续融资问题的意见》	由地方政府及其部门和机构等通过财政拨款或注入土地、股权等资产设立，承担政府投资项目融资功能，并拥有独立法人资格的经济实体

资料来源：根据相关公开文件整理获得。

本报告所指地方政府投融资平台既包括地方政府出资设立的综合性投资公司以及行业性投资公司，也包括地方各类国有资产经营管理公司。为了科学、合理地对我国地方政府投融资平台展开综合评价，本报告选取公司业绩、市场化转型、社会责任作为一级指标，每个一级指标下设若干个二级指标共同构建评价体系。基于数据的可得性、公开性等因素，本报告样本范围界定为 30 个省、自治区、直辖市进行过公开发债行为的地方政府投融资平台。

---

① 资料来源：中华人民共和国中央人民政府网，http://www.gov.cn/zwgk/2010-08/19/content_1683624.htm.

二、地方政府投融资平台的发展历程

地方政府投融资平台是中国现行经济和政治体制下的特殊产物，对我国经济的高速发展起着重要的支撑作用。20世纪90年代是我国城镇化进程的关键时期，由于实行分税制改革，地方政府财政收入有限，建设任务重，融资需求巨大。在地方政府受原《预算法》约束不得发行地方政府债券的背景下，加之《担保法》和《贷款通则》分别限制了地方政府为贷款提供担保和直接向银行贷款的能力，地方政府在资金供给严重不满足需求的情况下，通过投融资平台实现融资。地方政府投融资平台在地方政府事权财权不匹配和土地财政不可持续的背景下，对过去很长一段时间中国城市建设的高速发展发挥了资金供给方面的基础性功能，其重要的经济和社会贡献均不容忽视。

(一) 初步发展阶段

地方政府投融资平台产生的大背景是20世纪80年代末至90年代初，我国政府开始对城市展开经营，城镇化进程处于关键时期。但自1994年分税制度改革以来，中央和地方在财政收支体制中的角色更加明确，在基础设施建设方面的责任也更加清晰，总体上呈现出财权层层上移，集中至中央，而事权层层下移，下放至地方的格局。这样的政策安排使得中央政府基本掌握财政体制改革的主动权，在一定程度上减弱了地方政府的财政自主性。同一时期，银行体系则在加快清理不良贷款工作，地方政府无法继续通过银行贷款方式弥补财政资金缺口，作为基础设施建设主力军的地方政府面临巨大的资金缺口压力。在资金供给严重不满足需求的情况下，为了解决地方政府的融资问题，地方政府投融资平台便应运而生，同时，地方政府投融资平台也随着政府经营城市理论和实践的不断深化而发展壮大。

(二) 繁荣发展阶段

这一时期，各地方政府开始大量组建自己的地方政府投融资平台，但投融资平台的融资渠道并未有效扩展，仍主要通过银行信贷系统实现对外融资，承接政策性贷款，发行债券等直接融资方式发展却相对比较缓慢。其中，一些城市的投融资平台开始进行转型，逐步探索更为市场化的经营模式。2009年，在中央政府应对全球经济危机的投资刺激政策出台后，各商业银行也加快了信贷扩张，积极支持国家重点项目和基础设施建设投资，融资平台的融资规模迅速增加，银行贷款和企业债的规模均大幅增长。

2009 年 3 月，央行和银监会联合提出："支持有条件的地方政府组建融资平台，发行企业债、中期票据等融资工具，拓宽中央政府投资项目的配套资金融资渠道。"[①] 从此地方政府投融资平台的发展进入快速扩张的新阶段。但此时的地方政府投融资平台多数并不具备自主盈利能力，而是主要通过政府补贴的方式实现盈利。2010 年发改委（发改办财金〔2010〕2881 号）明确规定，凡是申请发行企业债券的地方政府投融资平台，其偿债资金来源 70%以上（含 70%）必须来自公司自身收益，且公司资产构成等必须符合《国务院关于加强地方政府融资平台公司管理有关问题的通知》（国发〔2010〕19 号）的要求。这一规定对于限制地方政府财政支出，避免中央财政赤字具有重要意义。[②]

（三）转型发展阶段

根据审计署对地方政府债务的审计结果，截止到 2013 年 6 月 30 日，全国各级政府负有偿还责任的债务余额总计约为 20.7 万亿元，负有担保责任的债务余额总计约为 2.9 万亿元，可能承担一定救助责任的债务余额总计约为 6.7 万亿元。[③]

2014 年 9 月 21 日，《国务院关于加强地方政府性债务管理的意见》（国发〔2014〕43 号）（以下简称"43 号文"）中明确规定：剥离地方政府投融资平台政府融资职能，地方政府投融资平台不得新增政府债务。地方政府新发生或有债务，要严格限定在依法担保的范围内，并根据担保合同，依法承担相关责任。[④]"43 号文"旨在防范风险和强化约束，牢牢守住不发生区域性和系统性风险的底线，同时硬化预算约束，剥离平台的政府信用，抑制成本不敏感的融资，引导信贷流向，从而降低社会融资成本。"43 号文"的推出，使地方政府投融资平台进

---

① 资料来源：中国经济信息网，http://www.cet.com.cn/wzsy/gysd/1889187.shtml.
② 资料来源：国家发展和改革委员会，http://www.ndrc.gov.cn/zcfb/zcfbtz/201106/t20110627_419769.html.
③ 资料来源：国家审计署网站，http://www.audit.gov.cn/.
④ 资料来源：国务院办公厅，http://www.gov.cn/zhengce/content/2014-10/02/content_9111.htm.

入了转型发展的新阶段。这一阶段，在地方政府债务形成及融资平台发展的过程中产生诸多问题，致使政策频繁调整，投融资平台的经营运作模式也受到了相应的限制。虽然地方政府投融资平台通过银行信贷体系进行融资受到了严格监管，但与此同时，企业债、信托等其他融资方式的发展，拓展了地方政府投融资平台的融资渠道，投融资平台对外融资规模整体增长的趋势并未发生改变。

由上文分析可知，我国地方政府投融资平台的发展主要经历了三大发展阶段，在每个阶段中，受宏观经济环境或政策法规的影响，地方政府投融资平台的发展也表现出不同的发展特征，具体如图 1-1 所示。

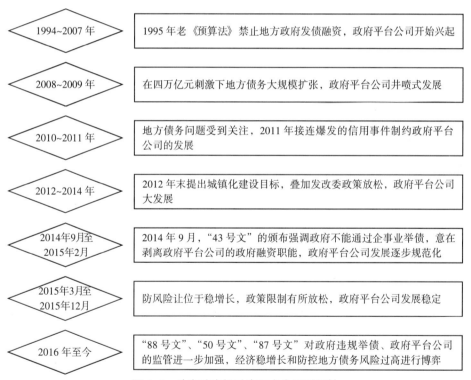

图 1-1　地方政府投融资平台发展时间轴

资料来源：根据公开文件整理所得。

第二节
地方政府投融资平台发展环境

一、地方政府投融资平台宏观经济环境

2016 年，我国发展面临国内外诸多矛盾叠加、风险隐患交汇的严峻挑战。在以习近平同志为核心的党中央坚强领导下，全国上下迎难而上，砥砺前行，推动经济社会持续健康发展，"十三五"实现了良好开局。

（一）国内生产总值

根据公开统计数据显示，2016 年国内生产总值为 744127.20 亿元，较 2015 年增长 6.7%，名列世界前茅，对全球经济增长的贡献率超过 30%。[①] 分产业看，第一产业对 GDP 增长贡献率为 4.40%，第二产业对 GDP 增长贡献率为 37.20%，第三产业对 GDP 增长贡献率为 58.40%。人均国内生产总值为 53980 元，比上年增长 7.9%。全国自 2010 年以来的 GDP 总量及各产业对经济拉动作用情况如图 1-2 所示。

自 2010 年以来，我国的 GDP 实现稳定逐年增长，但是受全球经济萧条以及我国产业转型压力的影响，GDP 年增长率逐步放缓，从 2010 年的 7.9% 降到了 2016 年的 6.7%。值得注意的是，第三产业已于 2014 年取代第二产业成为我国 GDP 增长的主要拉动因素。国际经验表明，第三产业快速发展一般发生在一个国家的整体经济由中低收入水平向中上收入水平转化时期。它反映了一个国家的工业化和城市化的发达程度。第三产业占比持续上升表明我国经济结构和增长动力正在发生深刻变化，我国正在从中低收入水平向中高收入水平迈进，转型升级已到了关键阶段。

---

① 资料来源：国家统计局，http：//www.stats.gov.cn/tjsj/zxfb./201702/t20170228_1467424.html.

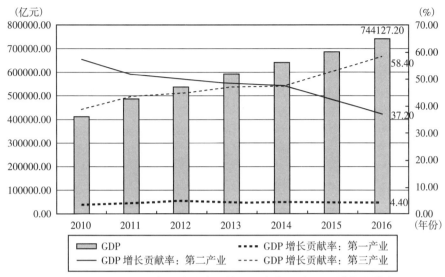

图1-2 2010~2016年国内生产总值及三大产业对GDP增长贡献率

资料来源：Wind数据库。

（二）工业增加值

根据公开统计数据显示，2016年实现全部工业增加值247860.10亿元，比上年增长4.8%。规模以上工业增加值增长6.0%。在规模以上工业中，分经济类型看，国有控股企业增长2.0%；集体企业下降1.3%，股份制企业增长6.9%，外商及港澳台商投资企业增长4.5%；私营企业增长7.5%。分门类看，采矿业下降1.0%，制造业增长6.8%，电力、热力、燃气及水生产和供应业增长5.5%。[①]

由图1-3可知，全部工业增加值增速由2012年的7.05%下降至2015年的1.13%，然后在2016年回升至4.80%。这反映出在世界经济逐步回暖的大背景下，中国工业增加值也在逐步回升。

（三）固定资产投资

根据公开统计数据显示，2016年，全国全年实现全社会固定资产投资606466.00亿元，如图1-4所示，比上年增长7.91%，扣除价格因素，实际增长8.6%。其中，固定资产投资（不含农户）596501亿元，比上年增长8.1%。分区域看，东部地区固定资产投资249665亿元，比上年增长9.1%；中部地区固定资

---

① 资料来源：国家统计局，http://www.stats.gov.cn/tjsj/zxfb./201702/t20170228_1467424.html.

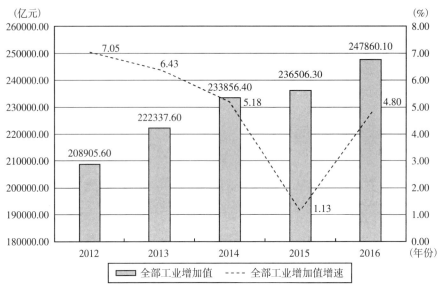

图 1-3 2012~2016 年全部工业增加值及增速

资料来源：Wind 数据库。

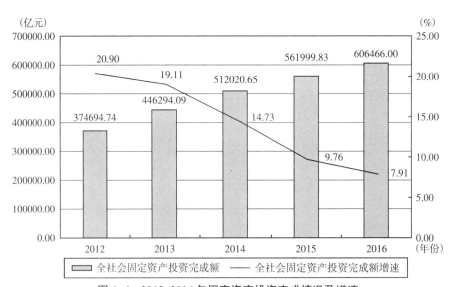

图 1-4 2012~2016 年固定资产投资完成情况及增速

资料来源：Wind 数据库。

产投资 156762 亿元，比上年增长 12.0%；西部地区固定资产投资 154054 亿元，比上年增长 12.2%；东北地区固定资产投资 30642 亿元，比上年下降 23.5%。[①]

（四）财政收支水平

根据公开统计数据显示，2016 年全年共实现全国财政收入 159552.08 亿元，其中，中央财政收入为 72357.30 亿元，地方财政收入为 87194.80 亿元，占比分别为 45.35% 和 54.65%。同期，全国财政支出为 187841.10 亿元，其中中央财政支出为 27404.00 亿元，地方财政支出为 160437.10 亿元，占比分别为 14.59% 和 85.41%。[②] 地方政府存在着巨大的财政资金缺口（见图 1-5、图 1-6）。

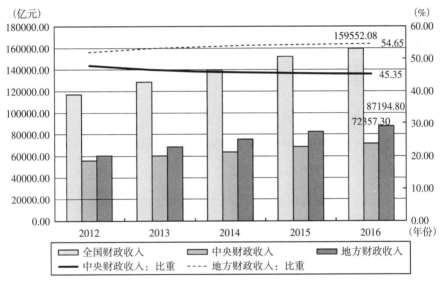

图 1-5　2012~2016 年我国财政收入及分配情况

资料来源：Wind 数据库。

（五）社会融资规模

根据公开统计数据显示，2016 年全年实现社会融资规模增量 178022.00 亿元，比上年增加 2.4 万亿元。2016 年末全部金融机构本外币各项存款余额 155.5 万亿元，比年初增加 15.7 万亿元，其中人民币各项存款余额 150.6 万亿元，增加

[①] 资料来源：国家统计局，http://www.stats.gov.cn/tjsj/zxfb./201702/t20170228_1467424.html.
[②] 资料来源：国家财政部网站，http://www.mof.gov.cn/index.htm.

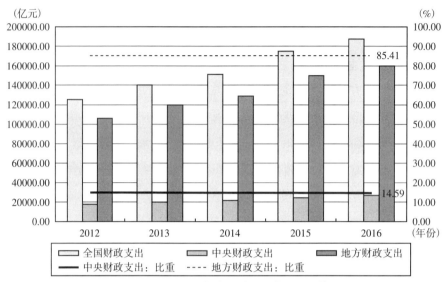

图1-6 2012~2016年我国财政支出及分配情况

资料来源：Wind 数据库。

14.9 万亿元。全部金融机构本外币各项贷款余额 112.1 万亿元，增加 12.7 万亿元，其中人民币各项贷款余额 106.6 万亿元，增加 12.6 万亿元[①]（见图 1-7）。

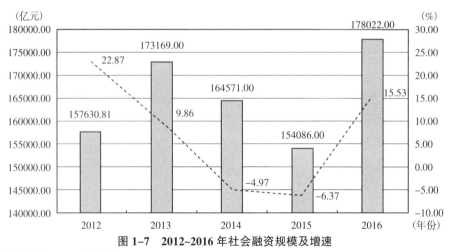

图1-7 2012~2016年社会融资规模及增速

资料来源：Wind 数据库。

[①] 资料来源：中国人民银行网站，http://www.pbc.gov.cn/.

二、地方政府投融资平台政策环境

(一) 政策汇总

对于中国地方政府投融资平台而言，2014 年 10 月 2 日《国务院关于加强地方政府性债务管理的意见》（国发〔2014〕43 号）的出台，是地方政府投融资平台转型发展的开端。该文件明确剥离融资平台的政府性融资职能。自此，各部委及地方政府就地方政府债务管理出台了多项文件，地方政府债务管理相关制度逐渐完善，但近几年地方政府债发行规模并不大，地方政府违规举债问题仍较多，如明股实债的 PPP、产业基金、政府违规购买服务等。近一年来，监管逐步加码。《国务院办公厅关于印发地方政府性债务风险应急处置预案的通知》（国办函〔2016〕88 号）作为《国务院关于加强地方政府性债务管理的意见》（国发〔2014〕43 号）的延伸，明确或有债务责任，细化风险处置机制；《关于进一步规范地方政府举债融资行为的通知》（财预〔2017〕50 号）关注政府融资担保，严格规范PPP、各类型产业基金；《财政部关于坚决制止地方以政府购买服务名义违法违规融资的通知》（财预〔2017〕87 号）又限制以政府购买服务之名行违规举债之实。其主要意义都在于控制地方债务风险，化解地方债务，促进地方政府投融资平台转型发展。对地方政府投融资平台转型发展具有重大影响的主要政策汇总如表 1-2 所示。

表 1-2　地方政府投融资平台转型发展相关重要政策概览

发文单位	时间	文件名	主要内容摘要
国务院	2014 年 10 月 2 日	《国务院关于加强地方政府性债务管理的意见》	提出加快建立规范地方政府举债融资机制、对地方政府债务实行规模控制和预算管理、控制和化解地方政府性债务风险、完善配套制度、妥善处理存量债务和在建项目后续融资的总体原则和措施
财政部	2015 年 3 月 12 日	《地方政府一般债券发行管理暂行办法》	明确地方政府发行一般债券的要求和流程
财政部 发改委 中国人民银行	2015 年 5 月 22 日	《关于在公共服务领域推广政府和社会资本合作模式的指导意见》	明确推广 PPP 模式的意义、总体要求、具体措施和要求、政策保障、组织实施等

续表

发文单位	时间	文件名	主要内容摘要
国家发展改革委办公厅	2015年5月25日	《国家发展改革委办公厅关于充分发挥企业债券融资功能支持重点项目建设促进经济平稳较快发展的通知》	鼓励优质企业发债用于重点领域、重点项目融资，战略性新兴产业、养老产业等重点领域专项债券，不受发债企业数量指标限制。支持县域企业发债。放宽发债条件：包括资产负债率要求、净利润认定、债券募资占比等。鼓励企业发债用于特许经营等PPP项目建设
中共中央国务院	2015年8月4日	《中共中央、国务院关于深化国有企业改革的指导意见》	就分类改革、完善现代企业制度和国资管理体制、强化监督防止国有资产流失等方面提出国有资产改革目标和举措，为地方政府投融资平台的转型发展指明了方向
财政部	2016年1月11日	《关于对地方政府债务实行限额管理的实施意见》	合理确定地方政府债务总限额，实行限额管理；逐级下达分地区地方政府债务限额；严格按照限额举借地方政府债务，严格在建项目后续融资纳入债务限额管理；建立健全地方政府债务风险防控机制；妥善处理存量债务
国务院办公厅	2016年11月4日	《地方政府性债务风险应急处置预案的通知》	重申地方政府责任范围，明确各类政府性债务处置原则；进一步提出风险事件分级细则及相应处置方法；新设政府性债务管理领导小组，明确责任追究机制
财政部国家发改委司法部人民银行银监会证监会	2017年5月3日	《关于进一步规范地方政府举债融资行为的通知》	摸底排查政府融资担保行为；监管规范PPP融资模式
财政部	2017年5月28日	《财政部关于坚决制止地方以政府购买服务名义违法违规融资的通知》	严格规范政府购买服务预算管理；严禁利用或虚构政府购买服务合同违法违规融资；切实做好政府购买服务信息公开

资料来源：根据公开文件整理所获得。

（二）政策解读

1.《国务院关于加强地方政府性债务管理的意见》

2014年10月2日，国务院出台《国务院关于加强地方政府性债务管理的意见》，即"国发〔2014〕43号文"。国发〔2014〕43号文是国务院首个地方政府性债务管理规范的文件，围绕建立规范的地方政府举债融资机制，明确举债主体、规范举债方式、严格举债程序等措施，建立了我国地方政府债务管理的新框架，旨在解决地方政府债务"借""管""还"的问题。国发〔2014〕43号文不仅关乎地方政府债务问题，还将影响到各地区地方政府投融资平台的发展，明确了未来改革的大方向。

第一，地方政府融资体系（见图1-8）。在新的地方政府举债融资机制下，管理层"通明渠、堵暗道"的思路十分明确，政府负有偿还责任的一般债券和专项债券均纳入限额管理，需由国务院确定并报全国人大及常委会批准，意味着未来具有政府信用的债券额度将被严格控制，发行程序也较为审慎。但对PPP模式下的融资方式与额度并没有相应规定，灵活度相对较高，是未来满足地方政府超额建设资金需求最可能的方式。

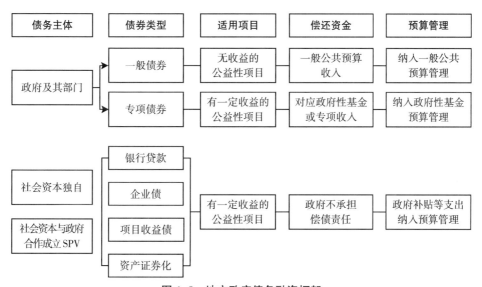

图1-8　地方政府债务融资框架

资料来源：根据国发〔2014〕43号文相关内容整理获得。

第二，地方政府投融资平台清理（见图1-9）。地方政府投融资平台的转型方向，可遵照中共十八届三中全会以来国有企业改革提及的分类管理的思路。在地方政府投融资平台转型的初期，仍需以项目为主要载体，若一家地方政府投融资平台下拥有多种性质的项目，将根据项目性质分类进行改革，而并非以地方政府投融资平台作为整体展开。PPP模式的发展仍在探索当中，初期规模不会太大，因为绝大部分公益性项目均可转为由政府发债融资开展。项目分类转型后的投融资平台最终的存在形式可能是以一般企业（从事经营性项目）与特殊目的公

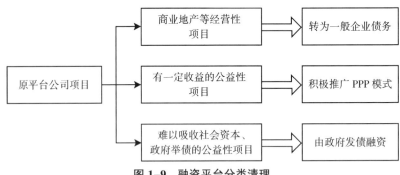

图 1–9　融资平台分类清理

资料来源：根据国发〔2014〕43 号文相关内容整理获得。

司（与政府合作开展 PPP 模式）的形式存在。

第三，存量债务处置（见图 1–10）。在存量债务处置中，最关键的环节是进行债务甄别，根据项目性质、项目收益、偿债资金数据来源、举债单位等因素，判断其是否属于政府应当偿还的债务。经过甄别认定后，针对属于政府应当偿还的债务通过地方政府债券发行进行置换，这样可以明显地降低融资成本。对于不属于政府应当偿还的债务，且项目资金流不足以还本付息的情况，地方政府兜底的可能性仍然很大。

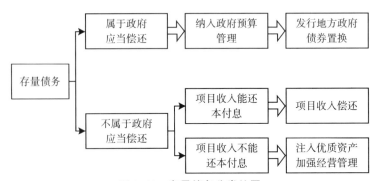

图 1–10　存量债务分类处置

资料来源：根据国发〔2014〕43 号文相关内容整理获得。

2.《中共中央、国务院关于深化国有企业改革的指导意见》

中共十八届三中全会以来，国有企业改革正式驶入快车道。推动国有企业改革是我国进一步深化改革，促进企业良性竞争，优化资源配置的重要举措。混合所有制的引入也将为国有企业注入新的活力，提升企业的运营效率，增强企业的竞争意识，对企业的综合实力提升起到积极的作用。随着改革步伐的进一步深入与加快，相关的法律及规章制度也在不断完善，在顶层设计正式出台的催化下，国资改革概念股有望再次获得市场的青睐。《中共中央、国务院关于深化国有企业改革的指导意见》指出：

第一，要增强国有经济活力、控制力、影响力、抗风险能力。到 2020 年在重要领域和关键环节取得决定性成果，形成更符合我国基本经济制度和社会主义市场经济要求的国资管理体制、现代企业制度、市场化经营机制。

第二，积极引入各类投资者，实现股权多元化。针对国有企业存在的制约不足的问题，应大力推动国有企业改制上市，创造条件实现集团公司整体上市，以促进股权多元化，通过多元化的股权结构来打破以往组织架构中的僵局。

第三，明确发展目标，推动工作稳健开展。发展混合所有制经济的目标是促进国有企业转换经营机制，放大国有资本功能，提高国有资本配置和运行效率。坚持因地施策、因业施策、因企施策，不搞拉郎配、不搞全覆盖，不设时间表，成熟一个推进一个。

3. 国务院办公厅《地方政府性债务风险应急处置预案》

为落实《预算法》关于"国务院建立地方政府债务应急处置机制以及责任追究制度"的相关要求，国务院办公厅于 2016 年 11 月 14 日印发了《地方政府性债务风险应急处置预案》（国办函〔2016〕88 号），即"88 号文"。"88 号文"是对新《预算法》及国发〔2014〕43 号文关于厘清政府和企业债务债权关系，完善地方政府债务风险防控机制政策的延伸和延续，是我国进一步细化地方政府债务管理及风险防控措施的体现。

第一，重申地方政府责任范围，明确各类政府性债务处置原则。"88 号文"中所称地方政府性债务是指清理甄别认定的 2014 年末存量政府债务和存量或有债务。未被认定为政府债务的部分及 2015 年以后任何新增债务，由平台自行承担。同时，明确各类政府性债务的处置原则：一是对于地方政府债券，地方政府依法承担全部偿还责任。二是对于非政府债券形式的存量地方政府债务，在三年置换期内，若债权人同意政府债券置换，地方政府承担全部偿还责任；若债权人拒绝地方债置换，三年置换期后，地方政府债务的唯一存在仅为地方政府债券。三是对于或有债务，存量政府担保债务和救助责任均不属于政府债务，地方政府及其部门存量违法违规担保债务及新《预算法》实施后新增地方政府违法违规担保承诺形成债务，地方政府及部门均不承担偿还责任。

第二，进一步提出风险事件分级细则及相应处置方法。根据风险事件的性质、影响范围、危害程度等，将其分为四级，并提出相应的处置方法。同时要关注以下几个问题：一是市县级政府的政府债务及或有债务风险事件应分别至少提前2个月及1个月报告上级政府；二是对于县级以上政府派出机构的风险事件，应按照行政隶属关系，纳入其所属政府统一进行监测；三是将地方债流标纳入细则范围；四是将"财政重整"引入我国政府债务风险处置，允许市县级政府在确有必要时启动财政重整计划。

第三，突出省级政府在地方政府性债务偿还和应急处置过程中的主体作用。对于地方政府债务，中央实行不救助原则，国务院有关部门在地方政府性债务处置中负有"指导"职能，省级政府对本地区政府性债务应急处置"负总责"，市、县政府按照属地原则"各负其责"。同时，"88号文"也赋予了省级政府在债务应急处置过程中更多的权力，包括决定是否收回临时救助资金，负责组织对发生风险事件的政府开展专项调查。

第四，新设政府性债务管理领导小组，明确责任追究机制。"88号文"首次提出县级以上政府要设立政府性债务管理领导小组，统筹各个部门机构组织、协调、指挥风险事件应对工作，并明确各机构的职责。管理领导小组涉及财政部、国家发展和改革委员会、中国人民银行、国资委、银监局等各相关部门，全方位对地方政府债务进行管理，防控债务风险，落实风险处置。

4. 财政部、国家发展和改革委员会、司法部、中国人民银行、银监会、证监会《关于进一步规范地方政府举债融资行为的通知》

2017年5月3日晚，财政部、国家发展和改革委员会、司法部、中国人民银行、银监会、证监会六部委联合发布《关于进一步规范地方政府举债融资行为的通知》（财预〔2017〕50号），即"50号文"，规范地方政府举债融资行为，地方政府债务监管继续加码。"50号文"是《国务院关于加强地方政府性债务管理的意见》（国发〔2014〕43 号）和《地方政府性债务风险应急处置预案》（国办函〔2016〕88 号）的进一步延伸，重点更多的是融资担保行为，意在将地方政府的隐性担保，转化为市场化操作的显性担保；同时，重点监管 PPP 变相融资行为。

第一，摸底排查政府融资担保行为。"43 号文"以后，地方政府债券大量发行，地方政府举债融资已经明显规范，"50 号文"的重点更多的是融资担保行为，意在将地方政府的隐性担保，转化为市场化操作的显性担保：地方政府不能出现承诺函，但允许地方政府结合财力设立或参股担保公司，构建市场化运作的融资担保体系，明确市场化担保人和被担保人的法律责任。地方隐性担保显性化，并非对融资平台寻求市场化的外部担保增信行为"一刀切"，而是旨在厘清政府与平台的债务关系。

第二，监管规范 PPP 融资模式。"43 号文"之后，随着地方融资平台与政府信用剥离，PPP 和贷款成为拉动基建投资的主要力量。"50 号文"明确提出规范政府与社会资本方的合作行为，"地方政府不得以借贷资金出资设立各类投资基金，严禁地方政府利用 PPP、政府出资的各类投资基金等方式违法违规变相举债，除国务院另有规定外，地方政府及其所属部门参与 PPP 项目、设立政府出资的各类投资基金时，不得以任何方式承诺回购社会资本方的投资本金，不得以任何方式承担社会资本方的投资本金损失，不得以任何方式向社会资本方承诺最低收益，不得对有限合伙制基金等任何股权投资方式额外附加条款变相举债"。

5. 财政部《关于坚决制止地方以政府购买服务名义违法违规融资的通知》

2017 年 5 月 28 日，财政部发布《关于坚决制止地方以政府购买服务名义违法违规融资的通知》（财预〔2017〕87 号），即"87 号文"。要求各省、市、自治区财政厅（局）在坚持政府购买服务改革正确方向下，严格按照规定范围实施政府购买服务，严格规范政府购买服务预算管理，严禁利用或虚构政府购买服务合同违法违规融资，切实做好政府购买服务信息公开。

第一，坚持规范政府购买服务方向不动摇。适合政府购买服务的领域，继续受到政策的保护和支持，但坚决不能泛化政府购买服务，工程建设和融资不能纳入政府购买服务的范畴。

第二，严格政府购买服务的预算管理。坚决不能先购买服务，后纳入政府预算，原有"先上车，后补票"的违规做法将不复存在。

第三，严禁利用政府购买服务合同违规融资。针对金融机构，原有以政府补贴作为应收账款保障的融资方式将受到影响。

第四，地方政府融资平台转型。对于地方政府融资平台，明确切断了融资平台和政府关联交易的又一个纽带，未来融资平台必然要自谋出路，寻找转型之道已然迫在眉睫。

6. 第五届全国金融工作会议解读

第一，国有企业降杠杆可能和国有企业改革、债转股相联系。在防范金融系统性风险部分中，这次会议提到了两个内容：国有企业去杠杆和地方债，从过去一两年的经济运行情况来看，非国有企业的杠杆率出现了下行，而国有企业的杠杆率仍然居高不下。考虑到未来美联储加息对我国流动性环境产生的外围压力，以及金融去杠杆带来的内部压力，流动性环境转紧将成为大概率事件。部分杠杆率高、效益较差的国有企业将很容易受到冲击。因此，从防范未来系统性金融风险的角度出发，目前阶段国有企业降杠杆显得尤为必要。

第二，控制地方债增量的要求进一步提升。2012 年的全国金融工作会议也提出了防范化解地方债风险。然而，与本次会议不同的是 2012 年在处理存量的同时，对增量的控制并不非常严格，仅仅是要求"规范地方政府举债融资机制，将地方政府债务收支分类纳入预算管理，构建地方政府债务规模控制和风险预警机制"。但这次会议则提出要严控地方债务增量，要终身问责倒查责任。这相当于将责任落实到个人身上，控增量要求明显上升。未来地方债的新增规模可能会受到极大压缩，考虑到地方债还与地方财政相关联，严控地方债将使得地方政府需要开辟新的建设资金来源。

第二章
地方政府投融资平台发展评价指标体系说明

本书借鉴国内外指标体系构建的研究经验，综合国内承担政府投资项目融资功能投融资主体——地方政府投融资平台自身的实际情况，构建了省、地级市、区县三级评价指标体系，旨在对全国地方政府投融资平台的运营发展情况进行客观及综合的评价，引导地方政府投融资平台逐步转型和发展。

第一节
指标体系构建的原则

为了准确、直观地反映国内地方政府投融资平台自身经营及发展情况，本书坚持"公司业绩、市场转型、社会责任"三个板块的体系构建，通过这三个板块的全面分析，对国内地方政府投融资平台的运营及未来发展提供一个较为全面的视角。同时，在构建中国地方政府投融资平台发展评价指标体系的过程中，本书坚持以下六个基本原则：

一、全面性原则

充分发挥指标对全国范围内的地方政府投融资平台评价作用，在指标及方法选取时，注重指标的全面性，尽量使所选取的指标能够较为全面地反映地方政府投融资平台在经营过程中的实际情况。

在以往的研究中，企业的经营业绩往往作为最主要或唯一的指标，评价企业发展水平及价值，本评价指标在重视经营业绩重要作用的同时，充分考虑地方政府投融资平台自身所处行业的特殊属性，更为全面地反映地方政府投融资平台的发展情况。

二、典型性原则

确保本评价指标具有一定的典型代表性，这主要表现在两个方面：一是在评价省、地级市、区县三级地方政府投融资平台时，选择不同的侧重点，尽可能准确地反映相同行政级别地方政府投融资平台的发展情况，使本评价指标具有一定的客观性；二是尽可能准确地反映不同区域——中部、东部、西部地方政府投融资平台社会、经济发展情况的差异。

本评价体系指标的设置、权重在各指标间的分配及评价标准的划分是与地方政府投融资平台的行政级别相适应的。

三、系统性原则

本评价指标之间存在合理的逻辑关系，它们将从不同的侧面反映地方政府投融资平台的发展情况，每个一级指标由一组指标构成，各一级指标之间相互独立，又彼此联系，具有一定的层次性，共同构成一个有机统一体。

四、问题导向性原则

本评价指标综合考虑了目前平台行业发展存在的问题，对平台企业未来的市场化转型等核心问题综合选取靶向性指标，旨在一定程度上梳理未来地方政府投融资平台的发展路径。

五、可比性、可操作、可量化原则

本评价指标在选择指标时，特别注意在总体范围内的一致性，指标选取的计算量度和计算方法必须统一，各指标尽量简单明了、微观性强、便于收集，各指标应该具有很强的现实可操作性和可比性。而且，选择指标时也考虑能否进行定量处理，以便于进行数学计算和分析。

六、动态性原则

地方政府投融资平台自身的发展情况需要通过一定时间尺度的指标才能反映出来。因此，本评价指标的选择要充分考虑到相关指标的动态变化，应该收集若干年度的变化数值。

第二节
指标体系的研究设计

中国地方政府投融资平台发展评价指标的构建主要包括确定体系包含范围、设计指标体系、确定指标权重和选择测算方法三个环节。

本指标体系旨在对全国地方政府投融资平台的运营发展情况进行客观及综合的评价，因此本指标体系所包含的地方政府投融资平台范围包含在中华人民共和国境内注册的，由地方政府（包含省、地级市、区县三级）或地方政府相关部门控股的，承担政府投资项目融资功能的企事业单位（即地方政府融资平台）。

在指标体系的设计过程中，本书将尽可能地包含所有目前运营的地方政府投融资平台，对地方政府投融资平台自身业绩、市场化转型、社会责任三个方面分别进行评价，并汇总形成中国地方政府投融资平台发展的评价指标。同时，由于不同行政级别的地方政府投融资平台存在较大的差异，本书将按照省、地级市、区县三级政府控股的地方政府投融资平台进行分类，并分别进行评价，形成省、地级市、区县三级地方政府投融资平台发展评价指标。

在中国地方政府投融资平台发展评价指标体系的构建过程中，本书将始终坚持公司业绩、市场化转型、社会责任三个板块进行综合评价。上述三个指标将作为一级指标，在每个一级指标下设二级指标。由于不同一级指标侧重点有较大不同，每个一级指标的二级指标数也就会有较大不同，如表 2-1 所示。

表 2-1　地方政府投融资平台转型发展评价指标体系

总指标	一级指标	二级指标	三级指标
地方政府投融资平台转型发展评价	公司业绩	基础指标	总资产
			净资产
		财务效益指标	资产收益率
			总资产报酬率
			主营业务利润率
			盈余现金保障倍数
			成本费用利润率
		资产运营指标	总资产周转率
			流动资产周转率
			存货周转率
			应收账款周转率
			不良资产比率
		偿债能力指标	资产负债率
			EBITDA 利息倍数
			现金流动负债比率
			速动比率
			流动比率
		发展能力指标	总资产增长率
			销售增长率
			三年资本平均增长率
			三年销售平均增长率
			固定资产成新率
	社会责任	国资运营指标	资本金利润率
			综合社会贡献
		企业责任指标	纳税管理
			企业社会责任报告制度
			失信执行人
			监管函、处罚决定

总指标	一级指标	二级指标	三级指标
地方政府投融资平台转型发展评价	市场化转型	市场运营化指标	是否控股（参股）金融企业
			市场化收入占比
			公司在所属区域市场占有度
			政府补贴占比
			主营业务集中度
			融资渠道单一程度

一、公司业绩指标

现代企业实行经营权与所有权分离，企业信息具有一定的不对称性，所以财务层面的评价指标在企业评价体系中往往占有较大的比重，它所具有的综合性和数据可收集性强等特点，使其成为企业经营分析的重要组成部分。此外，企业财务业绩指标是企业生存与发展的基础和原动力，也是构成本评价指标体系的主要内容。

在公司业绩这个一级指标下，共设计基础指标、财务效益指标、资产运营指标、偿债能力指标和发展能力指标五个二级指标，旨在较为客观地量化公司实际经营情况。

（一）基础指标

本评价体系在基础指标项下仅选取了总资产及净资产作为评价指标，可以在一定程度上客观地反映企业的经营规模。

1. 总资产

总资产是指某一经济实体拥有或控制的、能够带来经济利益的全部资产。一般可以认为，某一会计主体的总资产金额等于其资产负债表的"资产总计"金额。与联合国 SNA 中的核算口径相同，我国资产负债核算中的"资产"指经济资产。所谓经济资产，是指资产的所有权已经界定，其所有者通过在一定时期内对它们的有效使用、持有或者处置，可以从中获得经济利益的那部分资产。

2. 净资产

净资产属企业所有，并可以自由支配的资产，即所有者权益或者权益资本。企业的净资产，是指企业的资产总额减去负债以后的净额，它由两大部分组成：一部分是企业开办当初投入的资本，包括溢价部分；另一部分是企业在经营之中创造的，也包括接受捐赠的资产，属于所有者权益。

净资产就是所有者权益，是指所有者在企业资产中享有的经济利益，其金额为资产减去负债后的余额。所有者权益包括实收资本（或者股本）、资本公积、盈余公积和未分配利润等。

净资产＝资产－负债（受每年的盈亏影响而增减）＝所有者权益（包括实收资本或者股本、资本公积、盈余公积和未分配利润等）　　　　　　　　（2-1）

（二）财务效益指标

本评价体系在财务效益指标项下选取了资产收益率、总资产报酬率、主营业务利润率、盈余现金保障倍数及成本费用利润率五个指标来衡量企业的经营及盈利能力。

1. 资产收益率

资产收益率又称资产回报率，它是用来衡量每单位资产创造多少净利润的指标。

计算公式为：

资产收益率＝净利润/平均资产总额×100%　　　　　　　　　　　　（2-2）

2. 总资产报酬率

总资产报酬率又称资产所得率，是指企业一定时期内获得的报酬总额与资产平均总额的比率。它表示企业包括净资产和负债在内的全部资产的总体获利能力，用以评价企业运用全部资产的总体获利能力，是评价企业资产运营效益的重要指标。

总资产报酬率＝（利润总额＋利息支出）/平均资产总额×100%　　　（2-3）

总资产报酬率表示企业全部资产获取收益的水平，全面反映了企业的获利能力和投入产出状况，该指标越高，表明企业投入产出的水平越好，企业的资产运营越有效。

3. 主营业务利润率

主营业务利润率是指企业一定时期主营业务利润同主营业务收入净额的比率。它表明企业每单位主营业务收入能带来多少主营业务利润，反映了企业主营业务的获利能力，是评价企业经营效益的主要指标。

主营业务利润率 = （主营业务收入 – 主营业务成本 – 主营业务税金及附加）/ 主营业务收入 × 100%　　　　　　　　　　　　　　　　　　　（2-4）

4. 盈余现金保障倍数

盈余现金保障倍数，又称利润现金保障倍数，是指企业一定时期经营现金净流量同净利润的比值，反映了企业当期净利润中现金收益的保障程度，真实地反映了企业的盈余质量。盈余现金保障倍数从现金流入和流出的动态角度，对企业收益的质量进行评价，是企业的实际收益能力更深层次的体现。

盈余现金保障倍数 = 经营现金净流量/净利润 × 100%　　　　　　（2-5）

5. 成本费用利润率

成本费用利润率是企业一定期间的利润总额与成本、费用总额的比率。

成本费用利润率 = 利润总额/成本费用总额 × 100%　　　　　　　（2-6）

（三）资产运营指标

本评价指标体系在资产运营指标项下选取了总资产周转率、流动资产周转率、存货周转率、应收账款周转率及不良资产比率五个指标来衡量企业的资产运营能力，考核企业对其资产的利用效率。

1. 总资产周转率

总资产周转率是指企业在一定时期业务收入净额同平均资产总额的比率。

总资产周转率（次） = 营业收入净额/平均资产总额　　　　　　　（2-7）

总资产周转率 = 销售收入/总资产　　　　　　　　　　　　　　　（2-8）

2. 流动资产周转率

流动资产周转率指企业一定时期内主营业务收入净额同平均流动资产总额的比率，流动资产周转率是评价企业资产利用率的一个重要指标。

流动资产周转率（次） = 主营业务收入净额/平均流动资产总额　（2-9）

3. 存货周转率

存货周转率是企业一定时期销货成本与平均存货余额的比率。用于反映存货的周转速度，即存货的流动性及存货资金占用量是否合理，促使企业在保证生产经营连续性的同时，提高资金的使用效率，增强企业的短期偿债能力。

存货周转率（次数）= 销售成本/平均存货余额   (2-10)

4. 应收账款周转率

应收账款周转率是反映公司应收账款周转速度的比率。它说明一定期间内公司应收账款转为现金的平均次数。用时间表示的应收账款周转速度为应收账款周转天数，也称平均应收账款回收期或平均收现期。它表示公司从获得应收账款的权利到收回款项、变成现金所需要的时间。

应收账款周转率 = 销售收入/平均应收账款余额   (2-11)

5. 不良资产比率

不良资产率是指不良资产占全部资产的比率。

不良资产比率 = 年末不良资产总额/年末资产总额 × 100%   (2-12)

（四）偿债能力指标

本指标评价体系在偿债能力指标项下选取了资产负债率、EBITDA 利息倍数、现金流动负债比率、速动比率及流动比率五个指标来衡量企业偿还到期债务的能力。

1. 资产负债率

资产负债率是期末负债总额除以资产总额的百分比，也就是负债总额与资产总额的比例关系。该指标反映债权人所提供的资本占全部资本的比例，表示公司总资产中有多少是通过负债筹集的，是评价公司负债水平的综合指标。同时也是一项衡量公司利用债权人资金进行经营活动能力的指标，反映债权人发放贷款的安全程度。

资产负债率 = 负债总额/资产总额 × 100%   (2-13)

它包含以下几层含义：

（1）资产负债率能够揭示出企业的全部资金来源中有多少由债权人提供；

（2）从债权人的角度看，资产负债率越低越好；

（3）对投资人或股东来说，负债比率较高可能带来一定的好处（财务杠杆、利息税前扣除、以较少的资本或股本投入获得企业的控制权）；

（4）从经营者的角度看，他们最关心的是在充分利用借入资金给企业带来好处的同时，尽可能地降低财务风险；

（5）企业的负债比率应在不发生偿债危机的情况下，尽可能择高。

2. EBITDA 利息倍数

EBITDA 利息倍数又称已获利息倍数（或者叫做企业利息支付能力比较容易理解），是指企业生产经营所获得的息税前利润与利息费用的比率（企业息税前利润与利息费用之比）。它是衡量企业支付负债利息能力的指标（用以衡量偿付借款利息的能力）。企业生产经营所获得的息税前利润与利息费用相比，倍数越大，说明企业支付利息费用的能力越强。因此，债权人要分析利息保障倍数指标，以此来衡量债权的安全程度。

$$利息保障倍数 = EBITDA/利息费用 \qquad (2-14)$$

利息保障倍数指标反映企业经营收益为所需支付的债务利息的多少倍。利息保障倍数不仅反映了企业获利能力的大小，而且反映了获利能力对偿还到期债务的保证程度，它既是企业举债经营的前提依据，也是衡量企业长期偿债能力大小的重要标志。要维持正常偿债能力，利息保障倍数至少应大于1，且比值越高，企业长期偿债能力越强。如果利息保障倍数过低，企业将面临亏损、偿债的安全性与稳定性下降的风险。

3. 现金流动负债比率

现金流动负债比率，是企业一定时期的经营现金净流量同流动负债的比率，它可以从现金流量角度来反映企业当期偿付短期负债的能力。

$$现金流动负债比率 = 年经营现金净流量/年末流动负债 \times 100\% \qquad (2-15)$$

4. 速动比率

速动比率是指速动资产对流动负债的比率。它是衡量企业流动资产中可以立即变现用于偿还流动负债的能力。

$$速动比率 = 速动资产/流动负债 \qquad (2-16)$$

$$其中：速动资产 = 流动资产 - 存货 \qquad (2-17)$$

5. 流动比率

流动比率是流动资产对流动负债的比率，用来衡量企业流动资产在短期债务到期以前，可以变为现金用于偿还负债的能力。

流动比率 = 流动资产合计/流动负债合计 × 100%　　　　　　　(2-18)

（五）发展能力指标

本评价指标体系在发展指标项下选取了总资产增长率、销售增长率、三年资本平均增长率、三年销售平均增长率及固定资产成新率五个指标来衡量企业在一段时间内的发展能力。

1. 总资产增长率

总资产增长率，又名总资产扩张率，是企业本年总资产增长额同年初资产总额的比率，反映企业本期资产规模的增长情况。

总资产增长率 = 本年总资产增长额/年初资产总额 × 100%　　　　(2-19)

其中：本年总资产增长额 = 年末资产总额 – 年初资产总额　　　　(2-20)

总资产增长率越高，表明企业一定时期内资产经营规模扩张的速度越快。但在分析时，需要关注资产规模扩张的质和量的关系，以及企业的后续发展能力，避免盲目扩张。

2. 销售增长率

销售增长率是衡量企业经营状况和市场占有能力、预测企业经营业务拓展趋势的重要指标，也是企业扩张增量资本和存量资本的重要前提，是评价企业成长状况和发展能力的重要指标。该指标越大，表明其增长速度越快，企业市场前景越好。

销售增长率 = 本年销售增长额/上年销售总额 = （本年销售额 – 上年销售额）/上年销售总额　　　　　　　　　　　　　　　　　　(2-21)

3. 三年资本平均增长率

三年资本平均增长率表示企业资本连续三年的积累情况，在一定程度上反映了企业的持续发展水平和发展趋势。

三年资本平均增长率 = ［当年净资产总额/三年前净资产总额 ^（1/3）– 1］× 100%　　　　　　　　　　　　　　　　　　　　　　　(2-22)

4. 三年销售平均增长率

三年销售平均增长率表明企业主营业务连续三年的增长情况，体现企业的持续发展态势和市场扩张能力，尤其能够衡量上市公司持续性盈利能力。

三年销售平均增长率 = [当年主营业务收入总额/三年前主营业务收入总额 ^
(1/3) – 1] × 100%　　　　　　　　　　　　　　　　　　　　　　　　(2-23)

5. 固定资产成新率

固定资产成新率又称"固定资产净值率"或"有用系数"，是企业当期平均固定资产净值同固定资产原值的比率，反映了企业所拥有的固定资产的新旧程度，体现了企业固定资产更新的快慢和持续发展的能力。

固定资产成新率 = (平均固定资产净值/平均固定资产原值) × 100%　　(2-24)

二、社会责任指标

(一) 国资运营指标

1. 资本金利润率

这项指标反映了资本的净利润水平，是企业经营效益的中心指标，它能揭示企业的自我发展和竞争能力。企业资本金是所有者投入的主权资金，资本金利润率的高低直接关系到投资者的权益，是投资者最关心的问题。

资本金利润率 = 利润总额/资本金总额 × 100%　　　　　　　　　　　(2-25)

另外，会计期间若资本金发生变动，则公式中的"资本金总额"要用平均数，其计算公式为：

资本金平均余额 = (期初资本金余额 + 期末资本金余额) ÷ 2　　　　(2-26)

这一比率越高，说明企业资本金的利用效果越好，企业资本金盈利能力越强；反之，则说明资本金的利用效果不佳，企业资本金盈利能力越弱。

2. 综合社会贡献

社会贡献率是企业对社会的贡献总额与企业资产的比值，其中，企业对社会的贡献总额是指企业在一定期间通过生产经营活动，为社会创造的价值，包括支付给职工的工资、奖金、津贴、劳保退休统筹及其他社会公益性支出、利息支出、各种税款及附加、净利等。

（二）企业责任指标

1. 纳税管理

加强企业税务管理有助于降低税收成本，有助于企业内部产品结构调整和资源合理配置。在履行纳税义务中，要充分利用税法对纳税期限的规定、预缴与结算的时间差，合理处理税款，从而减少企业流动资金利息的支出。在选择不同的纳税方案时，应全面衡量该方案对企业整体税负的影响，避免由于选择某种方案减轻了一种税负而引起另一些税负增加，造成整体税负加重。

2. 企业社会责任报告制度

企业社会责任报告（简称 CSR 报告）指的是企业将其履行社会责任的理念、战略、方式方法，其经营活动对经济、环境、社会等领域造成的直接和间接影响、取得的成绩及不足等信息，进行系统的梳理和总结，并向利益相关方进行披露的方式。企业社会责任报告是企业非财务信息披露的重要载体，是企业与利益相关方沟通的重要桥梁。

3. 失信执行人

被执行人具有履行能力而不履行生效法律文书确定的义务，并具有下列情形之一的，人民法院应当将其纳入失信被执行人名单，依法对其进行信用惩戒。

（1）以伪造证据、暴力、威胁等方法妨碍、抗拒执行的；

（2）以虚假诉讼、虚假仲裁或者以隐匿、转移财产等方法规避执行的；

（3）违反财产报告制度的；

（4）违反限制高消费令的；

（5）被执行人无正当理由拒不履行执行和解协议的；

（6）其他有履行能力而拒不履行生效法律文书确定义务的。

4. 监管函、处罚决定

收到证监会、上交所、深交所处罚、重点监管决定。

三、市场化转型指标

1. 是否控股（参股）金融企业

该指标是指公司的控股子公司或参股公司是否有金融类公司。

2. 市场化收入占比

市场化收入占比是指公司某一个项目或产品的市场化收入占总公司的所有产品总收入的比例。

3. 公司在所属区域市场占有度

市场占有率是判断企业竞争水平的重要因素。在市场大小不变的情况下，市场占有率越高的公司其产品销售量越大。同时，由于规模经济的作用，提高市场占有率也可能降低单位产品的成本、增加利润率。

4. 政府补贴占比

政府补贴占比高，代表公司市场化不足，为逆向指标。

5. 主营业务集中度

主营业务集中度越高，代表公司较高的经营风险，为逆向指标。

6. 融资渠道单一程度

融资渠道越单一，代表公司资金流动性风险较高，为逆向指标。

第三节
指标体系的测算方法

本评价指标体系以 2014~2016 年地方政府融资平台经营数据，通过时序变化跟踪近三年地方政府投融资平台在公司业绩、社会责任、市场化转型三个板块指标的数值，进而对全国地方政府投融资平台的发展情况进行打分评价。

一、权重确定

本评价指标体系考虑到各一级指标下的二级指标数及三级指标数有所不同，且在评价地方政府投融资平台发展时对公司自身财务经营情况有所侧重，对公司业绩、社会责任、市场化转型三个一级指标按照 70%、15%、15% 设置权重。

对于一级指标公司业绩项下的二级指标基础指标、财务效益指标、资产运营指标、偿债能力指标和发展能力指标亦分别设置了权重。其中，除基础指标包含两个三级指标外，其他四个二级指标分别包含五个三级指标。因此为了在突出公司资产水平的同时客观反映公司经营情况，除基础指标外的三级指标均设定均等权重，而基础指标中的总资产及净资产权重略高。

对于一级指标社会责任、市场化转型项下的三级指标均设定了均等权重。

最终评价得分通过加总经过标准化的三级指标值取得，各指标权重情况如表 2-2 所示。

表 2-2 各指标权重设置

一级指标	权重 (%)	二级指标	权重 (%)	三级指标	权重 (%)
公司业绩	70	基础指标	8	总资产	4
				净资产	4
		财务效益指标	15.5	资产收益率	3.1
				总资产报酬率	3.1
				主营业务利润率	3.1
				盈余现金保障倍数	3.1
				成本费用利润率	3.1
		资产运营指标	15.5	总资产周转率	3.1
				流动资产周转率	3.1
				存货周转率	3.1
				应收账款周转率	3.1
				不良资产比率	3.1

续表

一级指标	权重(%)	二级指标	权重(%)	三级指标	权重(%)
公司业绩	70	偿债能力指标	15.5	资产负债率	3.1
				EBITDA 利息倍数	3.1
				现金流动负债比率	3.1
				速动比率	3.1
				流动比率	3.1
		发展能力指标	15.5	总资产增长率	3.1
				销售增长率	3.1
				三年资本平均增长率	3.1
				三年销售平均增长率	3.1
				固定资产成新率	3.1
社会责任	15	国资运营指标	5	资本金利润率	2.5
				综合社会贡献	2.5
		企业责任指标	10	纳税管理	2.5
				企业社会责任报告制度	2.5
				失信执行人	2.5
				监管函、处罚决定	2.5
市场化转型	15	市场运营化指标	15	是否控股（参股）金融企业	2.5
				市场化收入占比	2.5
				公司在所属区域市场占有度	2.5
				政府补贴占比	2.5
				主营业务集中度	2.5
				融资渠道单一程度	2.5
合计	100		100		100

二、标准化处理

由于各三级指标的最终测算结果包含不同单位和范围，为了保证各个三级指标的可加性，我们选择了0~1标准化的方式对本指标内的正向及逆向指标进行标准化处理，使其结果均落到［0，1］区间。

处理方法如下：x 为某指标的测算值，x_{min} 为某指标出现的最小值，x_{max} 为某指标出现的最大值，x' 为标准化后的标准值，这样标准化处理的优势在于，所有结果均落在相同区间内，便于数据进行处理及权重赋值。

正向指标标准化处理：

$$x' = \frac{x - x_{min}}{x_{max} - x_{min}} \tag{2-1}*$$

逆向指标标准化处理：

$$x' = \frac{\dfrac{1}{x} - \dfrac{1}{x_{max}}}{\dfrac{1}{x_{min}} - \dfrac{1}{x_{max}}} \tag{2-2}*$$

三、指标体系的数据来源

本评价指标测算所使用数据均为市场披露的公开数据，数据涵盖 2014~2016 年，主要数据来源如表 2-3 所示。在数据的具体使用过程中，根据整体指标安排对数据进行了处理。

表 2-3　数据来源

时间	数据来源
2014~2016 年	Wind 数据库
	中国债券信息网
	中国外汇交易中心网
	上海证券交易所——公司债券项目信息平台
	深圳证券交易所——固定收益信息平台
	各省、自治区、直辖市政府工作报告

在具体数据使用中，根据不同指标对数据进行计算；此外，在个别年份指标缺失的情况时，根据年平均增长率或相邻年份指标的算术平均值进行补齐。

第三章
地方政府投融资平台评价结果及分析

第一节
省级排名分析

全国前 30 位省级政府平台公司排名情况如表 3-1 所示，分值处于 47.06~52.18，在各省中分布较为平均。在排名中位于前列的如北京国有资本经营管理中心、上海城投控股股份有限公司具有较大的资产规模，北京国有资本经营管理中心的总资产规模更是达到了 2.3 万亿元，位列全国之首，这反映出了这些公司在行业内举足轻重的地位以及对促进区域经济发展具有的重要作用，并且该公司的各项指标均处于合理区间之内，因此整体得分较高，排名靠前。

表 3-1　中国省级地方政府投融资平台排名

排名	公司名称	得分	评级	省（直辖市/自治区）	所属证监会行业
1	北京国有资本经营管理中心	52.18	AAA	北京市	综合
2	上海城投控股股份有限公司	51.40	AAA	上海市	房地产业
3	安徽省投资集团控股有限公司	51.32	AAA	安徽省	综合
4	甘肃省公路航空旅游投资集团有限公司	51.16	AAA	甘肃省	交通运输、仓储和邮政业
5	天津泰达投资控股有限公司	50.60	AAA	天津	房地产业

续表

排名	公司名称	得分	评级	省（直辖市/自治区）	所属证监会行业
6	广西投资集团有限公司	50.03	AAA	广西壮族自治区	电力、热力、燃气及水生产和供应业
7	上海城投（集团）有限公司	49.83	AAA	上海市	综合
8	湖南省高速公路建设开发总公司	49.43	AAA	湖南省	交通运输、仓储和邮政业
9	陕西能源集团有限公司	49.39	AAA	陕西省	综合
10	甘肃省电力投资集团有限责任公司	49.26	AA+	甘肃省	电力、热力、燃气及水生产和供应业
11	云南省能源投资集团有限公司	49.08	AAA	云南省	综合
12	云南省城市建设投资集团有限公司	48.73	AAA	云南省	建筑业
13	山东省国有资产投资控股有限公司	48.57	AAA	山东省	综合
14	云南省公路开发投资有限责任公司	48.56	AAA	云南省	建筑业
15	四川川投能源股份有限公司	48.47	AAA	四川省	电力、热力、燃气及水生产和供应业
16	北京京能电力股份有限公司	48.42	AAA	北京市	电力、热力、燃气及水生产和供应业
17	河北建设投资集团有限责任公司	48.40	AAA	河北省	综合
18	广东电力发展股份有限公司	48.14	AAA	广东省	电力、热力、燃气及水生产和供应业
19	福建省投资开发集团有限责任公司	47.99	AAA	福建省	综合
20	山东省鲁信投资控股集团有限公司	47.96	AAA	山东省	综合
21	浙江省建设投资集团股份有限公司	47.95	AA	浙江省	建筑业
22	浙江省国有资本运营有限公司	47.87	AAA	浙江省	房地产业
23	广西交通投资集团有限公司	47.86	AA+	广西壮族自治区	建筑业
24	广西北部湾国际港务集团有限公司	47.74	AA+	广西壮族自治区	交通运输、仓储和邮政业
25	北京控股集团有限公司	47.64	AAA	北京市	综合
26	内蒙古高等级公路建设开发有限责任公司	47.63	AA+	内蒙古自治区	建筑业
27	上海国盛（集团）有限公司	47.29	AAA	上海市	综合
28	甘肃省国有资产投资集团有限公司	47.25	AAA	甘肃省	综合
29	湖南省建筑工程集团总公司	47.08	AA+	湖南省	建筑业
30	天津滨海新区建设投资集团有限公司	47.06	AAA	天津市	综合

资料来源：笔者根据相关资料整理计算所得。

值得注意的是，排名第二位的上海城投控股股份有限公司总资产仅为 446 亿元，资产规模在全国范围内的省级投融资平台中仅处于中等水平，是位列省级排名第一位的北京国有资本经营管理中心的 1/50，分析其财务指标，可以发现，上海城投控股股份有限公司有较低的资产负债率，EBITDA 利息保障倍数较高，反映出公司有比较强的负债管理能力以及比较强的盈利能力，公司的现金流可对公司偿债提供有效保障，有较强的短期偿债能力，同时一个较低的资产负债率在长期有助于促进公司的资本增长。该公司在近几年快速发展，近三年的主营业务收入增长迅速，三年销售平均增长率达到 20%。与此同时，上海城投控股股份有限公司积极参与市政工程建设、园区开发、人才引进等公益性活动，取得了较为良好的社会贡献，因此综合来看该公司在我们的综合评价中表现较好，排名靠前。

第二节
地市级排名分析

全国参与排名的市级投融资平台共 1125 家，排名前 50 的市级公司如表 3-2 所示，分值处于 40.28~47.41。在排名前 10 位的公司中，来自厦门市的地方政府投融资平台就占据半数，厦门象屿集团有限公司更是排名第一。

表 3-2　中国市级政府投融资平台排名

排名	公司名称	得分	评级	省（直辖市/自治区）	所属证监会行业
1	厦门象屿集团有限公司	47.41	AAA	福建省	综合
2	广州金融控股集团有限公司	46.35	AAA	广东省	金融业
3	深圳市地铁集团有限公司	45.36	AAA	广东省	交通运输、仓储和邮政业
4	厦门建发集团有限公司	45.13	AAA	福建省	综合
5	大连港集团有限公司	44.98	AAA	辽宁省	交通运输、仓储和邮政业
6	郑州航空港兴港投资集团有限公司	44.34	AA+	河南省	房地产业
7	厦门国贸控股集团有限公司	44.30	AAA	福建省	综合

续表

排名	公司名称	得分	评级	省（直辖市/自治区）	所属证监会行业
8	厦门港务控股集团有限公司	44.17	AAA	福建省	交通运输、仓储和邮政业
9	深圳市投资控股有限公司	44.10	AAA	广东省	综合
10	北京金融街投资（集团）有限公司	43.77	AAA	北京市	房地产业
11	合肥市建设投资控股（集团）有限公司	43.56	AAA	安徽省	综合
12	宜宾市国有资产经营有限公司	42.57	AAA	四川省	批发和零售业
13	滁州市城市建设投资有限公司	42.52	AA+	安徽省	建筑业
14	淮安市水利控股集团有限公司	42.44	AA+	江苏省	建筑业
15	厦门建发股份有限公司	42.32	AAA	福建省	批发和零售业
16	广州地铁集团有限公司	41.84	AAA	广东省	交通运输、仓储和邮政业
17	无锡产业发展集团有限公司	41.76	AAA	江苏省	综合
18	西安高新控股有限公司	41.74	AAA	陕西省	综合
19	上海陆家嘴金融贸易区开发股份有限公司	41.57	AAA	上海市	房地产业
20	武汉金融控股（集团）有限公司	41.36	AAA	湖北省	综合
21	鄂尔多斯市国有资产投资控股集团有限公司	41.26	AA+	内蒙古自治区	金融业
22	长沙市轨道交通集团有限公司	41.21	AAA	湖南省	建筑业
23	上海外高桥资产管理有限公司	41.13	AAA	上海市	综合
24	株洲市城市建设发展集团有限公司	41.11	AA+	湖南省	综合
25	江东控股集团有限责任公司	41.06	AA+	安徽省	建筑业
26	安庆市城市建设投资发展（集团）有限公司	41.04	AA	安徽省	综合
27	滁州市同创建设投资有限责任公司	40.99	AA	安徽省	综合
28	石家庄国控投资集团有限责任公司	40.97	AAA	河北省	房地产业
29	常州投资集团有限公司	40.84	AA	江苏省	综合
30	宁波开发投资集团有限公司	40.77	AAA	浙江省	电力、热力、燃气及水生产和供应业
31	张家口通泰控股集团有限公司	40.76	AA	河北省	建筑业
32	珠海华发集团有限公司	40.74	AAA	广东省	水利、环境和公共设施管理业
33	陕西省西咸新区沣西新城开发建设（集团）有限公司	40.72	AA	陕西省	房地产业

排名	公司名称	得分	评级	省（直辖市/自治区）	所属证监会行业
34	马鞍山南部承接产业转移新区经济技术发展有限公司	40.71	AA	安徽省	房地产业
35	重庆市江北嘴中央商务区投资集团有限公司	40.69	AA+	重庆市	房地产业
36	合肥高新建设投资集团公司	40.65	AA	安徽省	建筑业
37	自贡高新国有资本投资运营集团有限公司	40.58	AA	四川省	建筑业
38	吉林市城市建设控股集团有限公司	40.55	AA+	吉林省	综合
39	昌吉州国有资产投资经营集团有限公司	40.50	AA+	新疆维吾尔自治区	建筑业
40	宁德市国有资产投资经营有限公司	40.45	AA	福建省	综合
41	宝鸡市投资（集团）有限公司	40.42	AA	陕西省	综合
42	杭州市城市建设发展有限公司	40.40	AA+	浙江省	建筑业
43	阜阳市建设投资控股集团有限公司	40.34	AA	安徽省	建筑业
44	济南西城投资开发集团有限公司	40.34	AAA	山东省	建筑业
45	泉州市国有资产投资经营公司	40.34	AA+	福建省	建筑业
46	南京高科股份有限公司	40.33	AA+	江苏省	房地产业
47	凉山州国有投资发展有限责任公司	40.31	AA	四川省	综合
48	西安投资控股有限公司	40.30	AA	陕西省	综合
49	宁波交通投资控股有限公司	40.30	AAA	浙江省	交通运输、仓储和邮政业
50	南宁新技术产业建设开发总公司	40.28	AA	广西壮族自治区	房地产业

资料来源：根据笔者整理计算所得。

通过分析其财务指标以及公司运营的特点，可以发现：厦门市政府投融资平台除总资产普遍较高、盈利能力较强、经营杠杆合理等特点外，更重要的是市场化程度较高。具体包括，公司积极推行企业管理制度改革、盈利和经营模式改革、人才培养和考核激励体系的改革，厦门各公司行业主要存在于完全竞争性领域，企业发展按市场化来运作，厦门各公司市场化收入占比较高，来源于政府的收入以及政府补贴比例很低，融资渠道广泛，均在公开市场上发行过一般中期票据、企业债、公司债、超短期融资券等进行直接融资。厦门公司的发展模式，可以作为我国地方政府投融资平台转型和发展的借鉴对象。

第三节

区县级排名分析

在全国参与排名的 602 家县级地方政府投融资平台中，排名前 100 的公司如表 3-3 所示，分值处于 36.06~43.85，在各地区分布中，江苏省入选公司居于榜首，浙江省排名第二，山东省排名第三，其他各省分公司入选数量均不到 10 家。

表 3-3　中国县级政府投融资平台排名

排名	公司名称	得分	评级	省（直辖市/自治区）	所属证监会行业
1	绍兴市柯桥区国有资产投资经营集团有限公司	43.85	AA+	浙江省	综合
2	闽西兴杭国有资产投资经营有限公司	41.18	AA+	福建省	综合
3	江苏武进经济发展集团有限公司	40.51	AA+	江苏省	建筑业
4	丹阳投资集团有限公司	40.38	AA	江苏省	建筑业
5	河源市润业投资有限公司	40.26	AA	广东省	建筑业
6	韩城市城市投资（集团）有限公司	40.24	AA	陕西省	建筑业
7	城发投资集团有限公司	40.16	AA+	山东省	建筑业
8	盐城市城南新区开发建设投资有限公司	39.88	AA+	江苏省	建筑业
9	杭州市萧山区国有资产经营总公司	39.80	AA+	浙江省	综合
10	江阴城市建设投资有限公司	39.71	AA+	江苏省	建筑业
11	江苏大丰海港控股集团有限公司	39.65	AA	江苏省	交通运输、仓储和邮政业
12	唐山曹妃甸发展投资集团有限公司	39.64	AA	河北省	建筑业
13	张家界市武陵源旅游产业发展有限公司	39.62	AA	湖南省	居民服务、修理和其他服务业
14	湘潭九华经济建设投资有限公司	39.58	AA	湖南省	建筑业
15	如东县东泰社会发展投资有限责任公司	39.51	AA	江苏省	综合
16	桐乡市城市建设投资有限公司	39.35	AA	浙江省	建筑业
17	义乌市国有资本运营有限公司	39.35	AA+	浙江省	综合

续表

排名	公司名称	得分	评级	省（直辖市/自治区）	所属证监会行业
18	江苏金坛国发国际投资发展有限公司	39.34	AA	江苏省	建筑业
19	淮安清河新区投资发展有限公司	39.24	AA	江苏省	建筑业
20	义乌市市场发展集团有限公司	39.24	AA+	浙江省	批发和零售业
21	江苏华靖资产经营有限公司	39.16	AA	江苏省	金融业
22	吴江经济技术开发区发展总公司	39.13	AA+	江苏省	建筑业
23	长兴交通投资集团有限公司	38.97	AA	浙江省	建筑业
24	江阴市公有资产经营有限公司	38.79	AA	江苏省	综合
25	绍兴市柯桥区中国轻纺城市场开发经营集团有限公司	38.74	AA+	浙江省	房地产业
26	盐城市盐都区国有资产投资经营有限公司	38.71	AA	江苏省	房地产业
27	杭州余杭创新投资有限公司	38.67	AA+	浙江省	建筑业
28	禹州市投资总公司	38.64	AA	河南省	房地产业
29	海宁市资产经营公司	38.57	AA+	浙江省	综合
30	南京扬子国资投资集团有限责任公司	38.48	AAA	江苏省	金融业
31	文登金滩投资管理有限公司	38.45	AA	山东省	建筑业
32	瀚蓝环境股份有限公司	38.37	AA+	广东省	电力、热力、燃气及水生产和供应业
33	平度市国有资产经营管理有限公司	38.31	AA	山东省	建筑业
34	南京新城科技园建设发展有限责任公司	38.15	AA	江苏省	建筑业
35	四川广安爱众股份有限公司	38.10	AA	四川省	电力、热力、燃气及水生产和供应业
36	府谷县国有资产运营有限责任公司	38.04	AA	陕西省	电力、热力、燃气及水生产和供应业
37	宁海县城投集团有限公司	38.02	AA	浙江省	综合
38	广东南海控股投资有限公司	38.02	AA+	广东省	电力、热力、燃气及水生产和供应业
39	丰县经济开发区投资发展有限责任公司	37.93	AA	江苏省	建筑业
40	昆山创业控股集团有限公司	37.88	AA+	江苏省	综合
41	无锡锡东科技投资控股有限公司	37.83	AA+	江苏省	建筑业
42	安吉县资产经营有限公司	37.72	AA	浙江省	建筑业
43	余姚市城市建设投资发展有限公司	37.71	AA+	浙江省	建筑业
44	潍坊滨城投资开发有限公司	37.71	AA	山东省	综合

排名	公司名称	得分	评级	省（直辖市/自治区）	所属证监会行业
45	嘉善县国有资产投资有限公司	37.71	AA	浙江省	综合
46	瓦房店市国有资产经营管理中心	37.70	AA	辽宁省	综合
47	威海市文登区城市资产经营有限公司	37.65	AA	山东省	综合
48	即墨市城市开发投资有限公司	37.48	AA	山东省	房地产业
49	新沂市城市投资发展有限公司	37.46	AA	江苏省	建筑业
50	江苏筑富实业投资有限公司	37.31	AA	江苏省	房地产业
51	汝州市鑫源投资有限公司	37.29	AA	河南省	综合
52	南通苏通科技产业园控股发展有限公司	37.29	AA	江苏省	建筑业
53	苏州科技城发展集团有限公司	37.23	AA	江苏省	建筑业
54	芜湖县建设投资有限公司	37.23	AA	安徽省	建筑业
55	建湖县开发区建设投资有限公司	37.17	AA	江苏省	建筑业
56	都江堰兴市集团有限责任公司	37.11	AA	四川省	建筑业
57	苏州市相城城市建设有限责任公司	37.11	AA	江苏省	建筑业
58	伟驰控股集团有限公司	37.04	AA	江苏省	房地产业
59	苏州市吴江城市投资发展有限公司	37.00	AA+	江苏省	金融业
60	大连德泰控股有限公司	36.99	AA+	辽宁省	建筑业
61	新疆润盛投资发展有限公司	36.98	AA	新疆维吾尔自治区	综合
62	如东县开泰城建投资有限公司	36.98	AA	江苏省	房地产业
63	浙江省德清县交通投资集团有限公司	36.92	AA–	浙江省	建筑业
64	山东任城融鑫发展有限公司	36.91	AA	山东省	建筑业
65	南京市浦口区国有资产投资经营有限公司	36.89	AA	江苏省	综合
66	张家港市金城投资发展有限公司	36.88	AA+	江苏省	综合
67	临汾市尧都区投资建设开发有限公司	36.83	AA–	山西省	建筑业
68	高密市国有资产经营投资有限公司	36.80	AA	山东省	建筑业
69	长沙开福城市建设投资有限公司	36.80	AA	湖南省	建筑业
70	台州市路桥公共资产投资管理有限公司	36.80	AA	浙江省	综合
71	大冶市城市建设投资开发有限公司	36.77	AA	湖北省	建筑业
72	厦门海沧投资集团有限公司	36.74	AA+	福建省	综合
73	东港市城市建设投资有限公司	36.70	AA–	辽宁省	房地产业
74	溧阳市城市建设发展有限公司	36.69	AA	江苏省	综合

排名	公司名称	得分	评级	省（直辖市/自治区）	所属证监会行业
75	杭州余杭城市建设集团有限公司	36.64	AA+	浙江省	建筑业
76	厦门思明国有控股集团有限公司	36.60	AA	福建省	房地产业
77	扬中市城市建设投资发展总公司	36.60	AA	江苏省	建筑业
78	诸城市经济开发投资公司	36.59	AA	山东省	综合
79	沭阳金源资产经营有限公司	36.57	AA	江苏省	综合
80	大连普湾工程项目管理有限公司	36.56	AA+	辽宁省	建筑业
81	肥城市城市资产经营有限公司	36.53	AA	山东省	建筑业
82	繁昌县建设投资有限公司	36.49	AA	安徽省	建筑业
83	太原国有投资集团有限公司	36.39	AA+	山西省	建筑业
84	东台市国有资产经营有限公司	36.38	AA	江苏省	综合
85	伊宁市国有资产投资经营有限责任公司	36.32	AA	新疆维吾尔自治区	房地产业
86	桂林新城投资开发集团有限公司	36.30	AA	广西壮族自治区	房地产业
87	南通市崇川城市建设投资有限公司	36.30	AA	江苏省	房地产业
88	淄博高新技术产业开发区国有资产经营管理公司	36.24	AA	山东省	建筑业
89	北票市建设投资有限公司	36.24	A+	辽宁省	房地产业
90	常州市金坛区建设资产经营有限公司	36.24	AA	江苏省	综合
91	东台市交通投资建设集团有限公司	36.19	AA	江苏省	建筑业
92	江苏洋口港建设发展集团有限公司	36.18	AA	江苏省	交通运输、仓储和邮政业
93	江苏联峰实业股份有限公司	36.17	AA−	江苏省	批发和零售业
94	贵州宏财投资集团有限责任公司	36.15	AA	贵州省	建筑业
95	高邮市经济发展总公司	36.13	AA	江苏省	建筑业
96	西安市浐灞河发展有限公司	36.11	AA	陕西省	建筑业
97	常州钟楼经济开发区投资建设有限公司	36.10	AA	江苏省	建筑业
98	扬中市交通投资发展有限公司	36.09	AA	江苏省	交通运输、仓储和邮政业
99	昆山高新集团有限公司	36.07	AA+	江苏省	建筑业
100	马鞍山市花山区城市发展投资集团有限责任公司	36.06	AA	安徽省	建筑业

　　江苏省以绝对优势领先全国其他省份，有其深刻的内在原因。首先，江苏省的区县经济实力较强，往往其一个县级地区的经济实力已经接近其他省份的市级地区的经济实力。地方政府有较强的财政实力，可以给地方政府投融资平台带来更多的补贴收入，偿债能力也更有保证。其次，江苏省地处沿海，国有企业市场化程度相对较高，企业运营决策主要以市场为导向，在市场化运营指标上相对其他省份有更高的得分。

　　综合分析入选前 100 名的公司，在财务效益方面，上述公司的总资产报酬率表现较好，公司的主营业务利润率较高，确保公司可以达到较高的利润水平；在资产运营方面，公司利用资产的能力水平参差不齐，但总体均能保证公司净资产的不断积累；在发展能力方面，以上地方政府投融资平台同样在资本增长率和销售增长率上表现较好，但仍与省级、市级公司存在差距。

第四章
地方政府投融资平台转型分析

第一节
地方政府投融资平台转型的必要性

一、地方政府投融资平台债务的形成是历史遗留的产物

近年来，地方政府债务的迅速膨胀受到监管层的密切关注，最近半年来国家连续下发"88号文"、"50号文"、"87号文"等来规范地方政府及融资平台融资问题。地方融资平台的发展，为国家的基础设施建设做出了重要的贡献，但同时也形成了大量的隐性债务。可以说地方融资平台债务的形成是历史遗留的产物，主要基于两个主要的背景：一是1994年分税制改革后，中央极大地压缩了地方的税收分成，但土地收益划给了地方政府，债务大部分由地方承担（见图4-1）。二是改革开放后，中国经济经历快速发展的时期，地方政府"政绩锦标赛"现象非常明显，只有能融到资金，地方政府才有进一步发展的空间，地方政府及融资平台债务便应运而生。

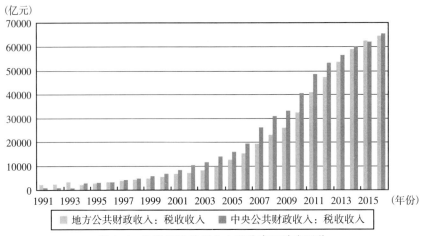

图 4-1　分税制改革后中央税收高于地方税收

资料来源：Wind 数据库。

地方政府投融资平台成为土地财政信用创造的最重要载体。自中华人民共和国成立以来的很长一段时间，依靠农业部门补贴工业部门的方式建立了近代的工业体系。但在改革开放以后，农业补贴工业部门的方式较为乏力。20 世纪 90 年代以后，深圳、厦门等经济特区开始效仿香港特区，通过出让城市土地使用权的方式为基础设施融资，即土地财政模式（见图 4-2）。在 1998 年房改和 2003 年建立土地招拍挂制度以后，中国的土地财政制度不断完善。土地财政的信用制度在于：资本作为抵押品，原始资本（基础设施）积累——创造税收——再抵押——自我循环，加速积累！融资平台则是土地财政信用创造的主要载体，也是地方政府债务的主要形成方。从本质上看，中国的土地财政是通过出售土地未来的增值，为城市公共服务进行一次性的投融资。地方政府出售土地的本质也是直接销售未来的公共服务。在地方政府的资产负债表上，土地收益是负债，而税收是收益。地方政府投融资平台债务占比情况如图 4-3 所示。

二、地方政府投融资平台的困境

既然地方投融资平台是土地信用创造的载体，承担着重要的投融资功能，地方投融资平台的发展对拉动地方经济增长具有非常重要的作用。积极的因素在于：第一，快速拉动了当地经济的发展，特别是在固定资产投资方面。第二，带

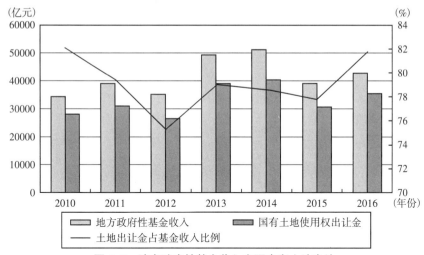

图 4-2 地方政府性基金收入主要来自土地出让

资料来源：Wind 数据库。

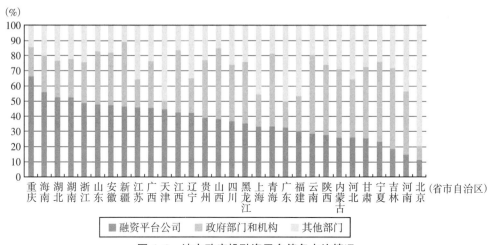

图 4-3 地方政府投融资平台债务占比情况

资料来源：根据审计署公开资料整理获得。

动了相关产业的发展，以基建作为核心，地产、建筑等上下游行业联动发展。但依靠土地财政的信用创造也造成了重要弊端。一是宏观债务率的上升。城投公司为地方政府解决了过去财权与事权不匹配的困境，为地方基础建设做出了重要贡献，但确实造成地方债务飙升。截止到 2015 年地方政府债务限额为 16 万亿元，相比于过去几年明显增长。加上责任尚未清晰的非政府债务，隐性债务增长更加迅速。正因如此，2015 年全国人大常委会将地方政府债务率（地方政府债务余额/综合财力）达到 100% 作为警戒线，部分省份已经超标，这将意味着部分省份即使通过地方债举债空间也有限。二是地方政府投融资平台模式简单粗暴，给后续发展埋下隐患，当前的地方政府投融资平台主要存在三大矛盾（治理结构矛盾、体制改革矛盾、运作经验矛盾）和四大问题（合力方向问题、发展源头问题、机制保障问题和能力储备问题）。这些都是地方政府债务处理和地方政府投融资平台市场化转型的主要关注点。2012 年和 2016 年各地方政府债务率如图 4-4 所示。

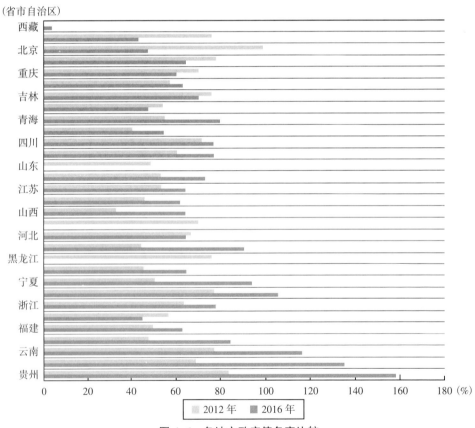

图 4-4　各地方政府债务率比较

资料来源：根据公开资料整理获得。

三、地方融资平台转型迫在眉睫

首先，土地财政制度难以长期为继。中国的城镇化率不断抬升后，正面临经济转型期，而土地财政的诟病制约着经济的转型。从长远来看，中国经济要从投资驱动型向消费驱动型过渡。

其次，地方政府债务监控客观上需要投融资平台转型。虽然在2014年"43号文"出台后，地方债体系、地方融资平台债务体系、财政预算体系三者之间的关系已经相互配套（见图4-5），但在这过程中需要厘清政府与市场的关系，特别是对投融资平台，也有助于摆脱土地财政困局。

最后，从投融资平台运作的角度看，大部分投融资平台是充当地方政府融资平台的职能。在厘清政府与市场的关系后，部分投融资平台的职能将逐步弱化，转型为地方国有企业或者退出历史舞台。

第二节
地方政府投融资平台转型分析

一、投融资平台转型是国有企业改革的一部分

本轮深化国有企业改革为第五轮改革，前四轮改革主要是：①1978~1986年的经营权改革时代，主要是强调放权让利，以经营层面上的改革为主。②1987~1992年的经营权、所有权改革并存时代，主要推进股份制公司改革。③1993~2002年的现代企业制度改革时代，推进国有控股企业实行公司制改革。④2003~2013年的监管体制改革时代，成立国资委实行"政企分开、政资分开、经营权和所有权分开"。中共十八届三中全会对国有企业改革和国有资产管理体制改革做出了总部署和指引，并发布了《中共中央关于深化国有企业改革的指导意见》，标志着第五轮国有企业改革拉开序幕。

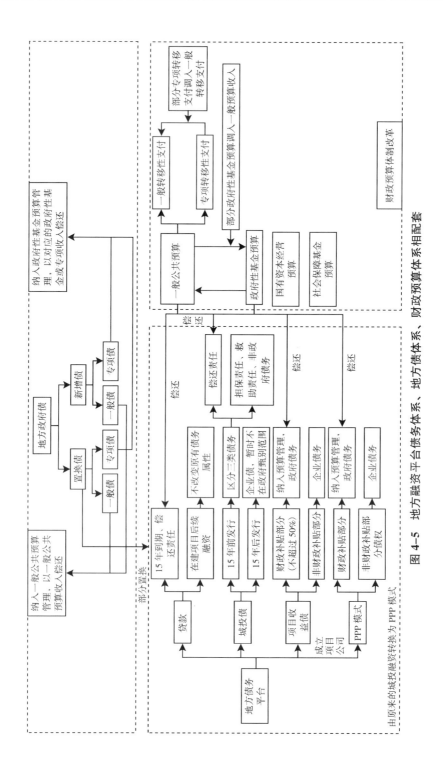

图 4-5 地方融资平台债务体系、地方债体系、财政预算体系相配套

国有企业改革的两大主要类型是：资本运营平台型国有企业和产业经营平台型国有企业（见图4-6）。其中，资本运营平台型国有企业定位于以政府出资人的身份管理各类投资主体，更多的是以财务投资者身份履行管理责任，重点是实现资产证券化。产业经营平台型国有企业除了代表出资人身份外，同时履行对具体企业的经营管理责任，重点是企业的市场化经营能力的培育。

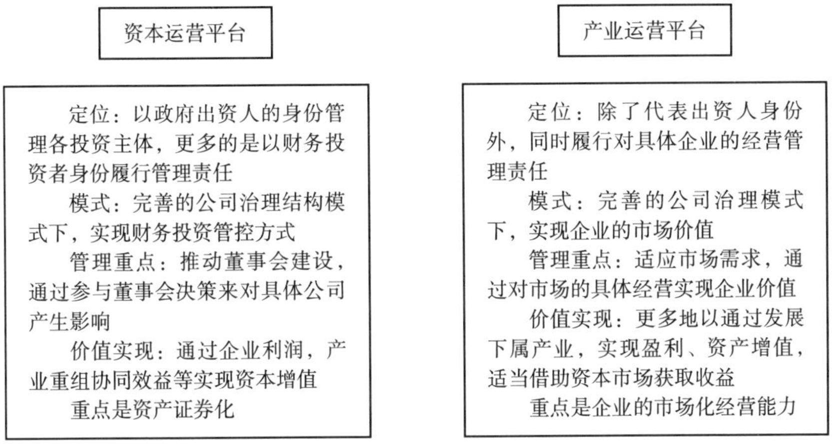

资本运营平台	产业运营平台
定位：以政府出资人的身份管理各投资主体，更多的是以财务投资者身份履行管理责任 模式：完善的公司治理结构模式下，实现财务投资管控方式 管理重点：推动董事会建设，通过参与董事会决策来对具体公司产生影响 价值实现：通过企业利润，产业重组协同效益等实现资本增值 重点是资产证券化	定位：除了代表出资人身份外，同时履行对具体企业的经营管理责任 模式：完善的公司治理模式下，实现企业的市场价值 管理重点：适应市场需求，通过对市场的具体经营实现企业价值 价值实现：更多地以通过发展下属产业，实现盈利、资产增值，适当借助资本市场获取收益 重点是企业的市场化经营能力

图4-6　国有企业改革的两大主要类型：资本运营和产业运营

从功能上看，投融资平台兼有城市基础建设投资、城市运营、产业投资、金融投资、土地开发等功能，其中城市建设投资和土地开发为最主要的功能，公益性比较强。融资平台的改革要向资本运营平台和产业运营平台转变，则需要增加城市运营、产业投资和金融投资方面的职能，增加公益性和准公益性的项目比例。

在现实经营中，融资平台普遍面临着定位不清晰、资产盈利能力较差、融资渠道单一、专业化经营人才匮乏的问题，这就造成诸多转型的困难。例如，尽管平台公司名义上是国有独资企业，但事实上是介于行政、事业、企业性质之间的混合体。没有稳定的收入来源，自身不具备偿债能力，完全依靠政府财政安排的还贷准备金，增加财政还贷压力，这种状况是平台发展的巨大障碍，最终将影响平台投融资功能的发挥。

二、各项政策积极促使融资平台转型发展

"43 号文"在地方政府债务的顶层设计起到了关键的作用,而"88 号文"在遵循"43 号文"原则的基础上,对政府债务进行"新老划断"。"43 号文"和"88 号文"对地方政府投融资平台的市场化转型均有涉及。"50 号文"在地方政府融资担保清理整改、加强融资平台融资管理、政府与社会资本方的合作行为、健全规范的地方政府举债融资机制、跨部门联合监测和防控机制、信息公开等方面作出详细规定(见表 4–1),为投融资平台和 PPP 实现市场化运作奠定基础。

表 4–1 "50 号文"对地方政府及融资平台、PPP 的监管要求

	主要内容
地方政府融资担保清理整改	①组织一次地方政府及其部门融资担保行为摸底排查; ②全面改正地方政府不规范的融资担保行为; ③应当于 2017 年 7 月 31 日前清理整改到位
加强融资平台融资管理	①地方政府不得将公益性资产、储备土地注入融资平台,不得承诺将储备土地预期出让收入作为融资平台偿债资金来源,不得利用政府性资源干预金融机构正常经营行为; ②融资平台在境内外举债融资时,应当向债权人主动书面声明不承担政府融资职能,并明确自 2015 年 1 月 1 日起其新增债务依法不属于地方政府债务; ③金融机构为融资平台等企业提供融资时,不得要求或接受地方政府及其所属部门以担保函、承诺函、安慰函等任何形式提供担保
政府与社会资本方的合作行为	地方政府不得以借贷资金出资设立各类投资基金,严禁地方政府利用 PPP、政府出资的各类投资基金等方式违法违规变相举债
健全规范的地方政府举债融资机制	①地方政府及其所属部门不得为任何单位和个人的债务以任何方式提供担保,不得承诺为其他任何单位和个人的融资承担偿债责任; ②允许地方政府结合财力可能设立或参股担保公司(含各类融资担保基金公司),构建市场化运作的融资担保体系,鼓励政府出资的担保公司依法依规提供融资担保服务,地方政府依法在出资范围内对担保公司承担责任
跨部门联合监测和防控机制	①建设大数据监测平台,统计监测政府中长期支出事项以及融资平台举借或发行的银行贷款、资产管理产品、企业债券、公司债券、非金融企业债务融资工具等情况; ②对金融机构违法违规向地方政府提供融资、要求或接受地方政府提供担保承诺的,依法依规追究金融机构及其相关负责人和授信审批人员责任
信息公开	公开政府购买服务决策主体、购买主体、承接主体、服务内容、合同资金规模、分年财政资金安排、合同期限、绩效评价等内容

三、地方政府融资平台转型具有不同的阶段

随着融资平台承担地方政府融资功能的逐步弱化和历史责任的逐步结束，加之在地方政府债务管理的环境下，地方政府融资平台转型势在必行。融资平台转型的模式，从各地地方政府投融资平台的发展实践看，优秀投融资平台的发展一般需要经历三个阶段的跨越，最终实现从单纯的"土地运作模式"跨越至"产业经营与资本经营两翼齐飞模式"，这也是地方政府投融资平台最为理想的转型模式（见图4-7）。

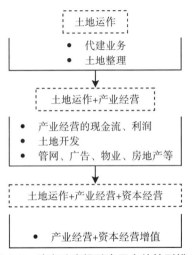

图4-7　地方政府投融资平台的转型模式

（1）转型第一阶段：转型为政府服务、专业投融资平台。地方政府债的发行权集中于省级政府，省级以下政府的融资能力可能更多地取决于其与省级政府的谈判能力及当地的经济实力。所以，未来地市级政府发展离不开地方政府投融资平台。在新形势下，政府应给予更多支持以实现转型。

第一，注入优质资产，提升资信。注入更多优质的能够变现或有稳定收益的资产或项目，为其提供增信措施或隐性担保，提高其资信等级，便于其社会融资。

第二，按照公司法要求，完善法人治理结构。改制重组和完善法人治理结构，以提升其市场化经营能力及资产质量和偿债能力。

第三，统筹协调好"投"和"融"两方面，政府的事必须执行，但账要算清楚，确保偿付轻松。

第四，在政府依赖投融资平台的基础上，逐步接管城市运营管理工作，提升盈利能力。

（2）转型第二阶段：产融结合的综合性集团。城投公司发展的最优途径就是产融结合——成为一个市场化运用的实业运营、资本运作的综合集团。

第一，必须是区域内核心国有企业，对政府把控的资源有一定垄断性，比如土地一级和二级联动开发，进行旧房改造或保障房、公租房、廉租房等公益性住房的建设；或建立产业园区，成为园区管理公司，通过为园区内企业的服务和地方税收返回来获得收益。

第二，利用其资本收益参与设立产业引导基金或并购基金，发展其他产业，或参股实体企业或金融机构（如小额贷款、金融租赁、担保公司等多种金融业态），进行多元业务发展，让金融服务于实业运营管理，可让小贷公司成为对外合作的抓手。

第三，培育或收购一个上市公司，这有助于资产证券化和资产变现，能够成为地方政府化解历史债券的抓手。

地方政府投融资平台经过一定时期的发展，业务一般可分为三类：公益性、准公益性和经营性业务，三者既相互支撑，又有各自的独特管理重点和要求。地方政府投融资平台的转型，实现纯粹的城市基础设施建设和土地开发职能向城市运营、产业投资、金融投资职能的过渡，需逐步减弱公益性项目比例，增加准公益性和经营性项目比例。已经在逐步实现转型的上海城投、杭州城投、云南城投、滁州城投、盐城国资等均出现相类似的特征。

四、地方政府投融资平台转型思考

地方政府投融资平台实现转型不能一蹴而就，一步到位不太现实。因为诸多平台在发展初期都是承担了地方政府融资的职能，所做项目完全靠项目自身现金流盈利不太现实，所以要求投融资平台短期内全部实现市场化转型存在现实中的困难。只要地方政府城市基础设施建设的职能未被剥离，在政府职能转变和财税体制改革的大框架下，仍然需要平台这一载体，这涉及财政预算体系改革的长远问题。

PPP发展与投融资平台转型存在一定冲突。"43号文"和"50号文"核心是让平台不要给地方政府造成太多的债务压力，既要求平台转型，也要求PPP实现市场化运作。平台转型，理论上要先由政府把一些能够实实在在运营的公司或项目给平台公司，现在PPP通常好的项目是热力公司、污水处理、城市交通等，好的项目反而给了社会资本，地方政府投融资平台在市场化转型中不占优势，再加上现行要求下政府不允许在PPP项目融资中占大股份，也就是说地方政府投融资平台是没办法实现并表，在实际运营过程中平台转型面临压力，因为优质项目都已经给了社会资本。所以每个地方政府在推进PPP和投融资平台转型时需衡量两者之间的利弊，如何实现资源利用最大化。

地方政府投融资平台转型的可能结果是逐步由政府主导向市场化运作过渡。如果短期内快速剥离融资城投的职能，可能会加大地方政府投融资平台的投融资压力，反而爆发平台的信用风险，这对转型极为不利。应该逐步加大融资平台的经营性和准公益性项目运作比例，逐步实现由政府职能向市场化运作转变。

实践篇

第五章

上海城投（集团）有限公司转型案例分析

第一节

平台发展历史

一、平台公司介绍

上海城投控股股份有限公司（以下简称上海城投）是由上海城投（集团）有限公司（以下简称上海城投集团）、上海同盛投资（集团）有限公司（以下简称上海同盛）和上海国际港务（集团）股份有限公司（以下简称上港集团）三个主体重组而成。下面将详细分析这三个主体的发展概况及业务类型等基本情况。

（一）上海城投集团

1. 基本情况

上海城投（集团）有限公司于 2014 年底由上海城投总公司改制成立，注册资本为 500 亿元。上海城投集团是专业从事城市基础设施投资、建设、运营管理的特大型国有企业集团，参股绿地、光明、申通、国泰君安等大型企业。

2. 业务构成

公司的主营业务集中在四个板块：一是水务板块，包括中心城区和部分郊区的原水与自来水供应、防汛排水及污水处理等；二是环境板块，包括城市生活垃圾等固体废弃物的清运、中转运输和处理处置业务，以及城市环境治理与保护等项目的投资、建设和运营管理；三是置业板块，包括成片土地开发、旧区改造、超高层建筑和保障性住房建设等；四是路桥板块，主要负责上海市越江设施、快速干线、高速公路、排堵保畅等大型市政交通设施的投资、建设、运营和管理。主营业务收入的主要来源为房地产开发销售、水务经营业务、环保业务、经营收费路桥等。

3. 财务信息

截至 2016 年末，公司经审计的合并口径资产总额为 3894.68 亿元，所有者权益为 1695.13 亿元。2016 年公司实现营业收入 197.64 亿元，净利润 16.32 亿元。

（二）上海同盛

1. 基本情况

上海同盛于 2002 年 4 月 1 日成立，由上海市国有资产监督管理委员会、上海国际（集团）有限公司、上海国有资产经营有限公司共同出资组建。上海同盛主营业务收入主要来源于港口配套服务与资产管理和物流及相关业务。2015 年 2 月 25 日，上海同盛发布公告，根据上海市政府对公司的整体改革方案的批示精神，公司拟将下属三家子公司——上海同盛内河航道建设发展有限公司、上海同盛大桥建设股份有限公司和上海同盛城北置业有限公司的 100% 股权无偿划转给上海城投。上述产权划转以 2014 年 12 月 31 日经审计账面净资产值为依据，合计人民币 168.98 亿元。

2. 业务构成

上海同盛确立了以洋山港区工程投资开发为主体的两大主营业务板块，包括港区配套服务及资产管理、物流及相关业务，此外还有配套房产建设及内河航道等业务板块。

港区配套服务及资产管理业务主要包括洋山深水港区工程建设与维护；物流及相关业务主要包括东海大桥的建设、运营与养护以及芦潮港辅助作业物流园区的运营维护；配套房产建设主要为洋山深水港区配套房产建设，以代建港区综合配套项目为主；内河航道建设业务主要承担上海市内河航道建设工作，实现海运、河运一体化发展。

另外，2015年2月，上海市国资委将公司所持有的上海同盛内河航道建设发展有限公司100%的股权、上海同盛大桥建设有限公司100%的股权、上海同盛城北置业有限公司100%的股权无偿划转给上海城投集团。未来年度公司将不再作为东海大桥及内河航道的运营及建设主体，相关业务也不再构成营业收入主要来源之一。

物流及相关业务主要由下属子公司上海同盛物流园区投资开发有限公司负责。该公司已于2017年1月经与上港集团签订《股权转让框架协议补充协议》后，划转给上港集团。在股权转让完成后，物流及相关业务将不再成为公司营业收入主要来源之一。

3. 财务信息

截至2016年末，公司经审计的合并口径资产总额为446.71亿元，所有者权益为264.08亿元。2016年公司实现营业收入5.22亿元，净利润4.45亿元。

（三）上港集团

上港集团成立于1988年10月，注册资本为231.74亿元，第一大股东是上海市国有资产监督管理委员会。

二、上海城投转型及资产重组过程

从2014年11月开始，三家城投公司进入资产重组状态（见表5-1），这是典型的通过重组方式进行的城投平台转型案例。实现资产重组后，业务模式发生变化：上海同盛除持有上港集团股权外，主营业务范围主要是东海大桥与洋山深水港区工程建设及综合开发经营。同时，原内河航道和疏浚等公益性业务随相关资产一并划入上海城投集团，而其他经营性资产则进入上港集团。这一过程完成后，新组成的上海城投（集团）实现了股权的集中，且各经营板块划分更为明确。

表 5-1　上海城投资产重组过程

时间	资产重组	股权变化
2014 年 11 月	上海同盛与上港集团签订《股权转让框架协议》，将由上港集团现金收购上海同盛持有的上海同盛投资集团资产管理有限公司 100% 的股权、上海同盛置业有限公司 100% 的股权、上海同盛电力有限公司 100% 的股权、上海同盛水务有限公司 92.31% 的股权、上海同盛物流园区投资开发有限公司 100% 的股权、上海港置业有限公司 100% 的股权、上海盛港能源投资有限公司 40% 的股权	上海同盛持有上港集团 23.26% 的股权，为上港集团第三大股东
2015 年 1 月	上海市国资委拟将其持有的上港集团 1275471600 股股份（占上港集团总股本的 5.61%）无偿划转予上海市国资委之全资子公司上海城投集团	划转前上海市国资委直接持有上港集团 40.80% 的股份，为上港集团控股股东。上海城投不直接或间接持有上港集团股份。划转后上海市国资委持股 35.20%，上海城投持股 5.61%
2015 年 2 月	上海同盛将三家子公司上海同盛内河航道建设发展有限公司、上海同盛大桥建设股份有限公司和上海同盛城北置业有限公司 100% 的股权无偿划转给上海城投集团	上海同盛和上海城投集团均为上港集团股东
2017 年 1 月	上海同盛在与上港集团签订的《股权转让框架协议》基础上，对标的公司范围进行变更，上港集团拟以现金收购上海同盛持有的同盛物流、同盛置业、港政置业及盛港能源四家子公司的股权	—
2017 年 6 月	为支持上港集团与中国远洋海运集团的战略合作伙伴关系的建立，上海同盛将其持有的上港集团 15% 的股份转让给中国远洋海运集团	上海同盛持有的上港集团股份比例下降

　　同时，为维持经营的可持续性，上海城投采取"三分法"经营策略，将资产分割为三类：一为平台类，即无收费机制的政府建设项目资产；二为运营类，即有收费机制，但收费机制尚不能覆盖成本的公用事业资产；三为经营类，即市场化运作企业。针对三类资产采取不同的考核目标，对于平台类，主要考核项目管理和投资控制；运营类资产力争提高效率、压缩成本；经营性业务则考核利润指标，接受市场考核。

　　上海城投在资产分类上做得非常细致，比如在其分离环境业务时，将属于公益性业务的环卫集运、保洁等业务剥离进入总公司设立的环境实业公司，将可市场化运营的垃圾焚烧业务划入城投控股旗下的环境集团。目前，上海城投经营类资产集中于其上市公司城投控股旗下，公益类与项目类资产则集中于总公司内。

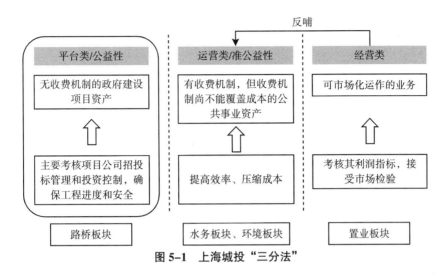

图 5-1　上海城投"三分法"

经过资产的分割和分类管理，上海城投转型为多元化的企业集团，通过经营性资产反哺公用事业，实现了经营的可持续性，成功建立起了企业信用。2016年，上海城投营业利润接近 33 亿元，净利润接近 29 亿元。

三、重组过程中面临的主要问题

在城投平台转型和资产重组的过程中，面临的一个很重要的问题就是股权的相互划拨，这一过程是为了实现股权和经营业务的集中。如将上海同盛持有的同盛物流、同盛置业、港政置业以及盛港能源四家公司的股份转让给上海城投，则在上海城投现有的经营结构基础上又加入了物流园区建设、置业和能源等板块，上海同盛的经营板块减少，主营业务更为集中。

第二节
政府对转型平台的支持力度

这一部分主要从转型主体的区域地位及政府财政补贴收入等方面分析政府对其的支持力度大小。

一、上海城投（集团）

上海城投是肩负着"政府性投融资主体、重大项目建设主体和基础设施安全运营主体"三大职能的大型产业集团，主营业务覆盖路桥、水务、环境和置业四大板块，在上海市城市功能拓展和城市环境改善等方面发挥了重要作用。同时，上海城投的水务板块主要由子公司上海城投水务（集团）有限公司运营，在上海市处于垄断地位。

上海城投作为上海市政府最重要的基础设施产业集团，在资金等方面得到了上海市财政的大力支持，近年来，上海市财政局依据上海市发展和改革委员会项目立项批复中资金出资规定按时划拨项目资本金，同时依据上海市政府相关会议指示，每年以偿债资金等形式划拨给上海城投用于城市基础设施项目按时还本付息。对于城市基础设施项目的投资和还本付息起到很好的保障作用，2013~2015年，上海市政府对上海城投的有关城市建设各项专项拨款分别为241.98亿元、508.13亿元和595.67亿元，逐年增长。

从表5-2可以看出，从2015年开始，上海城投收到的地方政府财政拨款大幅上升，主要是上海城投进行资产整合和公司转型之后，成为上海市最主要的基础设施建设主体，因此政府的支持力度逐步加大。这就说明，转型的主体在转型过程中是受到当地政府的大力支持的，这也是转型能够成功的重要前提之一。

表5-2　2013~2015年上海市政府对上海城投有关城市建设的各项专项拨款

单位：亿元

项目名称	2013 年	2014 年	2015 年
资本金拨款	63.44	137.06	246.94
土地出让金	59.74	49.11	53.53
偿债资金及其他补贴	91.80	321.96	295.19
合计	214.98	508.13	595.67

二、上海同盛

（一）区域地位

自公司组建以来，上海市人民政府一直在资金等方面给予上海同盛公司有力支持。主要措施包括：公司初始设立时的 50 亿元资本金全部安排为货币资金形式；在东海大桥运营方案（决定不对集装箱卡车收取通行费）明确后，追加投入货币资金 50 亿元；在公司股权结构调整过程中，以 35.28 亿股上港集团股权对公司进行增资；以上海市国资委持有的上港集团国有股红利对公司进行补助，补充港口建设及东海大桥营运资金需求。除财力支持外，上海市人民政府还通过由政府主要领导任总指挥的上海市深水港工程建设指挥部协调相关重大事项，有力支持了港区工程投资建设工作的顺利实施。

（二）政府补助

2014~2016 年，上海同盛的政府补助收入分别为 604.22 万元、7737.10 万元和 1465.48 万元。

第三节

上海市国有企业改革的方案

这一部分主要通过介绍上海市关于国有企业改革的政策演进过程来分析上海城投转型发展的政策背景，来观察城投平台转型是否符合当地的国有企业改革方案。

一、政策介绍

为了贯彻落实中央关于国有企业国资改革的相关政策，并结合上海市的基本情况，加快推进上海国有企业改革的进程，上海市委、上海市人民政府和上海市国资委等部门相继出台了有关国有企业改革的配套政策（见表 5-3）。

表 5-3　上海市关于国有企业改革的政策

时间	部门	政策
2013 年 12 月 18 日	中共上海市委、上海市人民政府	《关于进一步深化上海国资改革促进企业发展的意见》（沪委发〔2013〕20 号）
2014 年 7 月 3 日	中共上海市委办公厅、上海市人民政府办公厅	《关于推进本市国有企业积极发展混合所有制经济的若干意见（试行）》
2016 年 1 月 22 日	上海市国资委	《关于印发〈本市国有企业混合所有制改制操作指引（试行）〉的通知》（沪国资委改革〔2016〕26 号）

2013 年 12 月 18 日，上海市人民政府出台了《关于进一步深化上海国资改革促进企业发展的意见》（即"上海国资国企改革 20 条"，以下简称《意见》），在确定进一步深化国资改革、促进企业发展的基本原则和主要目标之后，提出要加快国资与产业联动调整，优化国资布局和结构；规范法人治理结构，完善选人用人和激励约束机制；优化国资监管体系，提高国资监管效率等，为上海市国有企业改革的顺利进行奠定了坚实的基础。

2014 年 7 月 3 日，为贯彻落实中共十八届三中全会关于积极发展国有资本、集体资本、非公有资本等交叉持股、相互融合的混合所有制经济的要求，同时作为对《意见》进一步的补充，上海市委办公厅和上海市人民政府办公厅联合出台了《关于推进本市国有企业积极发展混合所有制经济的若干意见（试行）》。该文件提出了推进上海市国有企业改革的具体措施，包括推进国有企业公司制股份制改革；优化国有企业股权比例结构；加快开放性市场化联合重组；实施股权激励和员工持股；明晰企业改制重组的决策程序；规范财务审计和企业价值评估；坚持市场决定对象和发现价格；平等保障相关利益主体合法权益；完善国有企业改制的政策和环境等。

2016 年 1 月 22 日，上海市国资委又出台了《关于印发〈本市国有企业混合所有制改制操作指引（试行）〉的通知》，是从具体操作的角度对之前出台政策的进一步细化和继续补充。该文件从一般流程、改制决策、审计评估、产权交易和其他交易事项等方面详细规定了上海市国有企业混合所有制改制的具体操作流程及注意事项，便于加快上海市国企混合所有制改制的进程。

二、上海城投转型过程中涉及的政策

在《关于进一步深化上海国资改革促进企业发展的意见》中，上海市人民政府提出要"充分发挥市场配置资源功能，推动国有控股上市公司、非上市公司开放性市场化重组整合"，是对上海城投转型提出的总要求，也为其后续的资产重组提供了最初的指导意见。在这一原则下，结合对上海市城投公司的基本分析，形成了上海城投的基本改制框架。即上海城投是专业从事城市基础设施投资、建设、运营管理的特大型国有企业集团，实行改制后上海城投将成为整个城投集团顶层的控股型国有独资公司，主要下辖路桥、水务、环境等专业化的大型产业集团，以及上海中心等直管企业。

从地方政府债务状况看融资平台的转型。根据审计署 2013 年对地方政府本级政府性债务的审计结果，截至 2013 年 6 月底，上海市政府负有偿还责任的债务总计 5194.30 亿元，其中共 1726.67 亿元是由融资平台公司形成的，占比为 33.24%。在或有债务中，融资平台负有担保责任和可能承担一定救助责任的债务分别为 312.39 亿元和 484.89 亿元，分别占总量的 58.68% 和 17.77%（见表 5-4）。从 2013 年的审计结果看，属于融资平台形成的政府性债务比例并不高，这跟上海地区的城投平台自身经营实力相对较强、相关的债务没有纳入政府性债务有关，平台自身实力较强，也给转型提供了相应的基础条件。

表 5-4 2013 年 6 月底上海市政府性债务余额举借主体情况

单位：亿元

举债主体类别	政府负有偿还责任的债务	政府或有债务	
		负有担保责任的债务	可能承担一定救助责任的债务
融资平台公司	1726.67	312.39	484.89
政府部门和机构	1105.67	121.57	0
国有独资或控股企业	881.87	82.27	2223.12
经费补助事业单位	623.53	0.88	17.27
自收自支事业单位	606.14	0	1.94
其他单位	249.71	14.86	0

举债主体类别	政府负有偿还责任的债务	政府或有债务	
		负有担保责任的债务	可能承担一定救助责任的债务
公用事业单位	0.99	0.4	1.96
合计	5194.30	532.37	2729.18

2013 年上海市审计报告表明，债务资金主要用于基础设施和公益性项目投资，包括市政建设、土地收储、交通运输设施建设、保障性住房等（见表 5-5），这部分主要是有经营收入来源作为偿债来源的优质资产，未来现金流保障程度较好。评级报告也指出，上海市政府总体债务性风险可控，因而各城投市场化程度较好，现金流保障也较为完善。根据上海市财政局《关于上海市 2016 年预算执行情况和 2017 年预算草案的报告》，截至 2016 年底，上海市地方政府债务余额 4485.5 亿元，其中，市本级 1056.3 亿元、区级 3429.2 亿元。按审计口径计算的 2016 年末债务率为 38.8%，较前些年有了明显下降，总体债务率由 2012 年的 87.622% 下降到不足 40%，显示出上海市政府对债务水平进行了较好的管理。以此类推，未来上海地区的地方债务仍有较大的增长空间，偏公益性的项目未来都可通过地方债方式进行融资，而对于已经相对市场化运作的平台（自身经营实力尚可）转型也存在着一定可操作性。

表 5-5　2013 年 6 月底上海市政府性债务余额支出投向情况

单位：亿元

债务支出投向类别	政府负有偿还责任的债务	政府或有债务	
		负有担保责任的债务	可能承担一定救助责任的债务
市政建设	2269.08	225.54	1595.74
土地收储	1590.10	16.25	299.14
交通运输设施建设	368.63	64.30	450.16
保障性住房	233.67	128.28	159.01
生态建设和环境保护	108.71	33.06	5.15
科教文卫	79.97	1.91	25.72
农林水利建设	50.39	1.40	3.40

债务支出投向类别	政府负有偿还责任的债务	政府或有债务	
		负有担保责任的债务	可能承担一定救助责任的债务
工业和能源	11.02	26.23	73.88
其他	311.35	21.22	76.01
合计	5022.92	518.19	2688.21

转型平台向经营性和准公益性业务延伸。上海城投借助平台公司的优势，积极向市场化业务拓展。2016 年，在全市安排的 122 项重大工程建设项目中，上海城投承担了其中的 34 项，完成投资 224.6 亿元。投资板块大力培育和开发股权投资业务，诚鼎创投已形成超 25 亿元规模资产管理、4 家股权投资基金的格局；巴安水务成为第一个 PE 退出项目。城投资产园区开发进展有序。启东江海产业园开发全面启动，已完成园区场地平整和行政中心土地挂牌；思南公馆二期企业公馆项目实施验收，招商进展顺利。上海中心大厦的市场招商工作实现重要突破，引入观复艺术品博物馆，与台湾诚品生活达成入驻意向，为打造集垂直小区、领袖商务和多元文化于一体的地标建筑创造了条件。总之，上海城投的市场化运作成果较好，完成转型比较顺利。

由表 5-6 可以看出，上海城投在转型后资本总额基本不变，但资产负债率下降了约 10 个百分点，债务水平得到了有效控制，而其中主要是刚性债务水平出现了明显下降，有近 50 亿元规模之多。同时，营业收入两年内接近翻了一番，净利润也有了显著提升。在保持原有规模不变的情况下，财务状况良好，盈利能力大幅提高，证明了这次转型的成功。

表 5-6　上海城投转型前后的资产负债对比

单位：亿元

指标	转型前	转型后	
	2014 年	2015 年	2016 年
资产	416.21	438.19	446.01
刚性债务	133.49	113.54	84.49
资产负债率（%）	58.98	52.85	47.25

续表

指标	转型前	转型后	
	2014 年	2015 年	2016 年
营业收入	49.31	79.77	94.77
净利润	19.91	36.25	21.79

案例总结：上海城投的成功转型是典型的通过资产重组方式实现的，强强联合，实现"1+1>2"的转型效果。转型的基础条件在于：一是各平台自身实力相对较强，不是纯粹做公益性项目的载体，具有一定的转型条件。二是符合当地国企改革和债务管理的方案，在转型过程中得到当地政府的有力支持。

第六章

建安投资控股集团有限公司转型发展案例分析

第一节

建安投资控股集团有限公司平台发展历史分析

一、平台公司介绍

（一）平台公司发展历史简介

亳州城市建设投资有限责任公司成立于 2002 年 9 月，是亳州市政府直属的国有独资公司，也是当地最大的政府融资平台，其主要职能是负责城市建设资金的筹措和投入，同时承担土地开发、经营和国有资产经营、保值增值任务。经营产业涉及土地整理、保障房建设、房地产开发、公用事业经营和类金融业务。

2014 年 6 月 26 日，在亳州市委、市政府主导下，根据《亳州市人民政府关于变更亳州建设投资集团有限公司有关事项的通知》（亳政秘〔2014〕60 号），亳州建投对市国资委管理的公司进行整合，2014 年 6 月 27 日，经过亳州市工商行政管理局核准，公司名称变更为"建安投资控股集团有限公司"（以下简称"建安集团"）。整合之后，建安集团成为亳州市最大的国有企业，整合了除古井集团外的所有亳州市属国有企业平台。

2014 年 6 月 26 日，根据《亳州市人民政府关于变更亳州建设投资集团有限公司有关事项的通知》，以 2014 年 3 月 31 日经安徽安泰普信会计师事务所审计的净资产为划转基准金额，将原属于亳州市国资委持有的亳州市交通建设投资有限责任公司 100% 的股权、亳州市公共交通有限责任公司 100% 的股权、亳州药都地产开发投资有限责任公司 72.16% 的股权、亳州市文化旅游发展有限责任公司 49% 的股权无偿划入建安集团，以及 2014 年 12 月 31 日无偿划入亳州市保安服务有限公司 100% 的股权、亳州市安源机动车安全技术检测有限公司 100% 的股权。公司申请增加注册资本人民币 200000 万元，增资后注册资本为人民币 300000 万元。

建安集团成为拥有全资子公司 11 家、控股子公司 12 家、参股子公司 9 家、三级子公司 36 家的国有投资控股集团公司。目前公司注册资本 30 亿元人民币，总资产 720.33 亿元，净资产 412.69 亿元。

（二）平台公司主营业务范围情况

建安集团经营范围：市政公用设施投资建设、经营；房地产开发、经营；工业项目投资、经营；土地开发、经营；交通投资、水务投资、旅游投资、项目投资、股权投资、债券投资及相关部门授权的其他领域的投资。

建安集团是亳州市经营规模最大的国有独资公司，是亳州市政府重点扶持的运营主体，经过十余年的规范运营，建安集团已发展成为集"融资、投资、建设、运营、管理"于一体的集团型公司。建安集团作为亳州市国有资本投资和运营主体，形成了城市基础设施建设、泛金融、文化旅游、房地产开发以及其他板块五大业务板块。

1. 城市基础设施建设板块

以建安集团为代表开展的土地出让和代建项目回购以及政府购买服务协议，以亳州城建发展有限责任公司为代表开展的土地整理，以亳州市交通建设投资有限责任公司为代表开展的交通投资建设，以亳州建工有限公司为代表开展的工程施工收入业务。

2. 泛金融板块

以安徽安诚金融控股有限公司、亳州药都典当有限公司为代表开展的担保、典当和小额贷款等业务。

3. 文化旅游板块

以亳州市文化旅游发展有限责任公司为代表开展的旅游景区景点资源开发、旅游住宿、餐饮（以上由分公司凭许可证经营）、酒店管理、旅游接待、服务，旅游商品开发、销售。

4. 房地产开发板块

以亳州建投房地产开发有限公司为代表开展的商业、工业厂房和住宅开发。

5. 其他板块

以亳州市保安服务有限公司、亳州锐艺文化传媒有限公司、亳州福泽殡仪服务有限公司为代表开展的武装押运、广告及殡仪服务等。

其中，城市基础设施建设板块和房地产开发板块是建安集团的主营业务收入的主要来源，2015 年城市基础设施建设板块营业收入占全部营业收入的 85.01%，房地产开发板块营业收入占全部营业收入的 9.29%。城市基础设施建设板块和房地产开发板块近年来一直为公司贡献了相当稳定的收益。建安集团未来坚持"稳定发展城市基础设施建设板块，重点发展文化旅板块，控制发展房地产板块以及合规稳健发展泛金融板块"的经营理念，推动各业务板块持续、健康、协调发展。

二、平台重组分析

建安集团是由亳州市交通建设投资有限责任公司（以下简称"亳州交投"）、亳州市公共交通有限责任公司（以下简称"亳州公交"）、亳州药都地产开发投资有限责任公司（以下简称"药都地产"）、亳州市文化旅游发展有限责任公司（以下简称"文化旅游公司"）重组整合而来。

（一）亳州市公共交通有限责任公司

亳州公交成立于 1991 年，2013 年 8 月市政府投资 2000 余万元，终止阜汽集团托管公交的协议，由国资委注资 7000 万元，注册成立为国有独资企业。目前公司拥有车辆 380 台，线路总条数 25 条（包括晚班线路 3 条），线路总长 379.96 公里。公司下设人力资源部、财务部、营运部、安保部、行政事业部、机务部、信息中心等共 12 个部门，另外下辖两个子公司（广告公司、出租公司），公司职工 700 余人。

在市委、市政府和相关主管部门的领导下，亳州公交公司不断深化企业改革，加大管理力度，狠抓成本控制，提高运营保障能力。优化线网结构，坚持"热线路加法、冷线路减法"原则，不断完善公交体系。在加大科技投入方面，2013 年新增智能公交项目，为实现营运线路智能化调度做好了准备。在加快老旧车辆的报废更新力度方面，大力发展清洁能源和新能源车辆。2014 年在市委、市政府大力支持下，亳州市财政投资拨款 1800 余万元购置新能源燃气客车 36 辆用于更换本市报废公交车辆。不断提升服务水平，把服务纳入考核机制，增强服务意识，为乘客创造良好的乘车环境。此外，拓展沟通渠道，开通官方微博、微信、电话、传真、电子邮件等多种沟通监督渠道，真心实意听取广大市民的呼声。始终将社会效益摆在首位，推行 70 岁以上老人、盲人、现役军人、革命伤残军人等群体免费乘坐公交车爱心举措。

（二）亳州市文化旅游发展有限责任公司

亳州市文化旅游公司成立于 2009 年 4 月，注册资本金为 5 亿元人民币，为建安集团全资子公司。主要经营范围为旅游景区景点经营、文化艺术品和旅游商品开发、销售。目前拥有花戏楼、曹操运兵道、华祖庵、魏武祠、南京巷钱庄等 10 个旅游景区景点的经营管理权。旗下有药都国际旅行社、药都旅游商品开发公司、古都文化旅游服务公司和五禽戏发展有限公司四家子公司，初步形成了集景点景区经营管理、旅行社运作、旅游商品开发销售为一体的集团化旅游企业。

（三）亳州药都地产开发投资有限责任公司

亳州药都地产成立于 2010 年 9 月，系国有控股公司，注册资本 10 亿元。公司经营范围为：保障性住房项目的融资、建设及运营，产权投资及资产运营，房地产开发，投资咨询，建筑设备、材料销售等。

（四）亳州市交通建设投资有限责任公司

亳州交投于 2012 年 8 月 6 日在亳州市工商行政管理局登记成立。企业一般经营项目为：交通基础设施建设与经营（公路、桥梁、养护、投资、开发、经营）。

第二节

建安投资控股地位分析

建安集团是亳州市基础设施建设领域的主要实施主体。公司肩负着亳州市城市基础设施等重大民生工程建设的重任，在项目投资、项目融资等方面得到了亳州市政府的大力支持，在税收、项目开发等方面政府给予公司多方面的政策扶持，公司规模和实力有了很大的提升。

根据亳州市政府对建安集团的职能定位，建安集团主要负责市政工程及配套设施建设、城市存量土地开发经营、增量土地收储经营、重大项目资金筹措及投入、保障性住房开发建设以及承担市政府招商引资主体和对外合资合作平台等工作。

根据亳州市新一轮城市规划的要求，公司将继续在亳州城市基础设施建设中发挥重要作用，在城市基础设施建设资金的筹措、使用和管理中具有不可替代的地位。

一、财政补贴方面

根据亳州市政府文件精神，2009~2011 年公司分别取得政府资金支持 2.51 亿元、2.99 亿元和 2.44 亿元，进一步提升了公司当年的盈利水平。

为保证公司的可持续发展，亳州市政府在资产注入和财政补助方面继续给予公司大力支持。2015 年 12 月 31 日，依据亳州市人民政府亳政秘〔2015〕238 号《亳州市人民政府关于给予建安集团财政补贴的通知》，给予公司本部专项财政补贴 19673.29 万元，用于支付城市建设支出、廉租房和安置房建设、偿付融资本息和支持战略新兴产业等。此外，公司各子公司累计获得政府补助为 51450.00 万元，在一定程度上提升了公司的盈利水平。

二、土地划拨

目前土地出让收入是公司主营业务收入的主要来源，规模较大。根据亳政秘〔2010〕102 号文和亳政秘〔2010〕208 号文，公司新增土地储备职能及土地开发的职能，出让后的收益由政府拨还公司。根据亳政秘〔2010〕225 号、亳政秘〔2010〕234 号、亳政秘〔2011〕182 号和亳政秘〔2011〕187 号等文件，2010 年和 2011 年公司分别确认亳州市政府拨付的国有土地使用权转让收入 11.76 亿元和 14.15 亿元，而且公司近几年通过划拨、出资等方式取得了大量的土地。根据国资管〔2009〕15 号文和亳政秘〔2010〕228 号文的相关规定，公司获得了南部新区 A-26 等国有土地的使用权。2011 年公司又通过出让方式取得亳州市南部新区 8 宗面积为 904.39 亩的国有土地的使用权。公司目前拥有土地资产 3922.29 余亩，其中商住用地 3730.94 亩，工业、市场用地 191.35 亩，全部土地均已取得土地证。随着土地开发的逐步深入，公司未来收入将有所保障。

2012 年，根据亳政秘〔2012〕192 号和亳政秘〔2012〕220 号文等文件，公司确认亳州市政府拨付的国有土地使用权出让收入 14.46 亿元，根据财投资〔2012〕702 号和财投资〔2012〕715 号文件，公司确认市政府拨付的南部新区城镇基础设施建设（土地开发整理）收入 3.67 亿元，2012 年，公司共计获得土地开发收入 18.12 亿元，同比增长 28.11%。根据国资管〔2012〕30 号文件，公司获得位于南部新区 14 宗面积共计 1404.11 亩，评估价值为 280058.60 万元的国有土地使用权资产注入。

为支持公司发展，2012 年根据国资管〔2012〕40 号文件，政府将谯城区财政局所持亳州金地建设投资有限责任公司 51% 的股权无偿划转至公司。此外，根据亳州市政府文件精神，2012 年公司取得政府资金支持 3.62 亿元，进一步提升了公司当年的盈利水平。

截至 2016 年底，公司共 410 宗土地，土地资产面积 918.86 万平方米，账面价值 2554218 万元，其中出让性质土地面积为 723.03 万平方米，土地资源丰富，未来该项收入具有一定的保障。

三、项目回购

由于公司承担的公用设施建设项目主要为公益性项目，为解决资金投入不足的问题并保证公司的可持续发展，近几年公司与亳州市政府分别签订了投资建设与收购（BT）协议和土地回购协议，将其名下陵北路工程等50项公益性工程和13宗公益性土地，分别以18.05亿元和4.70亿元的金额由政府负责回购。此外，由公司承建的保障性住房项目以11.49亿元的金额由亳州市政府分别在2013~2017年分批回购。

由于公司承担的公用设施建设项目具有公益性，为解决资金投入不足的问题并保证公司的可持续发展，根据公司2012年12月31日与亳州市人民政府签订的《投资建设与收购（BT）协议书》，亳州市人民政府将亳州市宋汤河等48项市政工程建设项目交由公司投资与建设，工程项目形成的资产由市政府负责收购。

2014年，根据公司与亳州市人民政府签订的《投资建设与收购（BT）协议书》，亳州市人民政府将亳州市南部新区安置还原小区等15项市政工程建设项目交由公司投资与建设，工程项目形成的资产由市政府负责收购。

截至2016年末，公司承担的基础设施建设项目（包含下属县级城投公司）计划总投145.06亿元，已投资115.73亿元，存在一定资金缺口。

第三节
转型政策分析

一、安徽省国有企业改革的背景

2014年3月13日，安徽省国资委召开省属企业发展混合所有制经济座谈会。在推进混合所有制经济发展的道路上，安徽版改革方案的六条路径分别是：股份制改造培育一批、整体上市发展一批、资本运作深化一批、员工持股转换一批、开放项目引进一批、参股民企投入一批。

2014 年 8 月 20 日，在安徽省委全面深化改革领导小组第三次全体会议上，通过《2014 年深化全省国资国企改革的安排意见》（以下简称《安排意见》）并指出，在未来 3~5 年，安徽将把 90% 的国有资本集中到四大板块中，即能源、交通板块，原材料板块，先进制造业板块和现代服务业板块。加大国有企业改革重组力度，培育具有国际竞争力的千亿元企业、万亿元产业。

安徽国有企业改革主要采用集团合并、集团整体上市一级混改和员工持股等方式进行，改革路径如下所示：

路径 1：通过整体上市、强强联合做强国有企业。《安排意见》提出未来 3~5 年内加大国企重组力度，培育千亿、万亿级企业。从案例来看，江淮集团已实现整体上市，淮南矿业将推进整体上市；交通投资集团和高速公路控股集团合并、安徽省投资集团和深圳安徽实业总公司重组进行中。

路径 2：混改和员工持股。员工持股方面，采取股权激励、科技成果入股等多种形式，鼓励省属企业关键岗位的经营管理者、核心技术人员和业务骨干持股，探索推进混合所有制企业职工持股。

二、地方政府投融资平台转型的背景

2011 年以来，我国全社会固定资产投资保持较快增长，基础设施建设不断推进，未来随着城镇化战略的推进，我国地方基础设施建设投资仍具备继续增长的空间。地方政府投融资平台在我国城市建设领域发挥重要作用，其开展投融资业务所形成的债务是地方政府性债务的重要组成部分，截至 2013 年 6 月末，融资平台债务占地方政府三类债务合计的 39%。2014 年以来，国务院、财政部等在地方政府债务管理、平台融资模式等方面进行多次政策调整，调整城市建设投融资模式，推进地方政府债务甄别，明确融资平台各类债务的偿债主体。此外，2015 年新《预算法》开始实施，财政部对地方政府存量债务进行甄别，存量债务将被分类纳入预算管理。2016 年以来，《中共中央国务院关于深化投融资体制改革的意见》公布实施，是历史上首次以党中央国务院名义出台的专门针对投融资体制改革的文件。同时为了严控隐性债务扩张风险，财政部正在摸底全国地方债务余额情况。在目前我国经济下行压力加大的背景下，随着房地产领域调控力度的加大，房地产投资将得到抑制，基础设施建设将成为稳增长的最重要抓手。预计未来，随着各地经济社会发展以及新型城镇化战略的实施，我国地方基础设施建设投资仍具备继续增长的空间，随着市场环境的改变和政府性债务管理模式的不断完善，对融资平台的运作模式转变也提出了更高要求。

2016 年，根据《安徽省人民政府关于去杠杆防风险促进经济社会稳定健康发展的实施意见》（皖政〔2016〕55 号），鼓励各级政府对政府平台公司采取注入资本金、有效资产等措施，提升发行债券信用等级，降低融资利率。根据《安徽省财政厅关于财政支持政府融资平台公司转型发展的意见》（财债〔2016〕1301号），鼓励有条件的融资平台公司实行多板块业务经营，增强造血功能。

第四节
亳州城投转型与政府债务管理的关系

一、安徽省政府债务分析

依据 2014 年 1 月 25 日公告的《安徽省政府性债务审计结果》，截至 2013 年6 月底，全省各级政府负有偿还责任的债务 3077.26 亿元，负有担保责任的债务601.20 亿元，可能承担一定救助责任的债务 1618.86 亿元。从政府层级看，省级、市级、县级、乡镇政府负有偿还责任的债务分别为 279.85 亿元、1614.28 亿元、1101.42 亿元、81.71 亿元（见表 6-1）。

从举借主体看，融资平台公司、政府部门和机构、经费补助事业单位是政府负有偿还责任债务的主要举借主体，分别举借 1460.48 亿元、1059.17 亿元、267.17 亿元（见表 6-2）。地方融资平台是政府债务的最重要载体。

表 6-1 2013 年 6 月底安徽省各级政府性债务规模情况

单位：亿元

层级	政府负有偿还责任的债务	政府或有债务	
		政府负有担保责任的债务	政府可能承担一定救助责任的债务
省级	279.85	85.69	92.96
市级	1614.28	426.15	1231.29
县级	1101.42	88.35	293.66
乡镇	81.71	1.01	0.95
合计	3077.26	601.20	1618.86

表 6-2 2013 年 6 月底安徽省政府性债务余额举借主体情况

单位：亿元

举借主体类别	政府负有偿还责任的债务	政府或有债务	
		政府负有担保责任的债务	政府可能承担一定救助责任的债务
融资平台公司	1460.48	412.87	1333.38
政府部门和机构	1059.17	100.11	0
经费补助事业单位	267.17	25.7	178.28
国有独资或控股企业（不含融资平台公司）	167.36	52.85	101.48
自收自支事业单位	92.26	1.52	2.23
其他单位	26.28	7.18	0
公用事业单位	4.54	0.97	3.49
合计	3077.26	601.2	1618.86

从债务资金投向看，主要用于基础设施建设和公益性项目，不仅较好地保障了安徽省经济社会发展的资金需要，推动了民生改善和社会事业发展，提升了综合承载能力，而且形成了大量优质资产。已支出的债务资金中，用于市政建设、保障性住房、土地收储、交通运输设施建设、科教文卫、生态建设和环境保护、农林水利建设等基础性、公益性项目的支出 2406.51 亿元，占 87%（见图 6-1）。

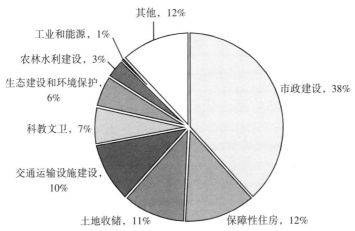

图 6-1　2013 年 6 月底政府性债务余额支出投向比例

从偿债年度看，2013 年 7~12 月、2014 年到期需偿还的政府负有偿还责任的债务分别占 18.38% 和 21.80%，2015 年、2016 年和 2017 年到期需偿还的债务分别占 19.45%、13.58% 和 8.14%，2018 年及以后到期需偿还的占 18.65%（见图 6-2）。

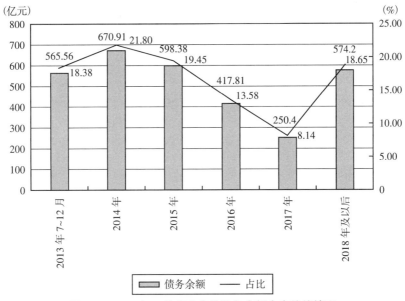

图 6-2　2013 年 6 月底政府性债务余额未来偿债情况

从安徽省的地方政府债务情况看，融资平台是主要的债务形成载体，且都是以公益性项目为主。那么意味着如果融资平台的市场化程度不高，转型是相对困难的，可能需要在政府的大力推动下才能实现转型。

二、亳州城投市场化程度分析

公司作为亳州市政府组建的城市基础设施建设的主要实施主体，主要负责城市基础设施设资金的筹集、城市基础设施建设的投资和国有资产的运营等。2016年公司主营业务未发生重大变化，土地开发整理业务、代建及施工业务依然是公司的主要收入来源。2016年公司实现主营业务收入101.94亿元，较2015年增长40.72%，主要系土地开发收入大幅增长所致。2016年公司土地开发、代建项目及施工项目和土地整理等收入占比较大的业务毛利率较上年小幅下降，但地产销售业务亏损有所减少，带动公司主营业务毛利率上升。公司土地开发业务收入大幅增加，目前公司土地储备较多，业务可持续较好，但土地出让业务易受当地房地产市场行情的影响而有所波动。代建项目收入及施工项目收入较为稳定，是公司的重要收入来源之一，目前建设规模较大，后期收入较有保障，同时也面临较大的资金压力。整体来看，公司仍然严重依赖政府补贴。主营业务中有很大比例来源于所属地方政府收入，因此，公司的市场化程度还比较低。

三、亳州城投转型与地方政府债务关系

2014年10月23日，亳州市政府发布了《市本级政府性债务审计整改情况》，审计报告反映政府性债务偿还资金来源单一、部分融资平台资产质量不佳、偿债能力不强等问题。亳州市在2007年即开始设立政府性债务偿债准备金，建立偿债准备金专户，专门用于偿债。另外，2014年6月，按照市政府安排，由市国资委牵头，对亳州市市级融资平台进行整合重组，在市建投集团的基础上构建建安集团，将通过政府购买服务、产业化经营等多元化运营模式，提高市场化水平和自身造血功能，以其自身收益拓宽政府性债务偿还资金渠道，有效防范债务风险。

按照地方政府债务限额管理规定统计，截至 2015 年 12 月底，亳州市本级政府债务余额 958510 万元，其中：一般债务 459192 万元，专项债务 499318 万元。

截至 2016 年底，全市政府债务余额 3026370 万元，其中：一般债务 1909469 万元，专项债务 1116901 万元；截至 2016 年底，全市本级债务余额 999781 万元，其中：一般债务 486552 万元，专项债务 513229 万元。①

2017 年，全市拟发行置换债券 377000 万元，其中：一般置换债券 207000 万元，专项置换债券 170000 万元；市本级拟发行置换债券 91900 万元，其中：一般置换债券 30000 万元，专项置换债券 61900 万元。2017 年，市本级一般公共预算安排债务还本资金 14702 万元，付息资金 10446 万元；政府基金预算安排债务付息资金 4400 万元。

作为亳州市重要的投融资主体，公司的战略目标与亳州市的发展规划结合较为紧密，公司作为亳州市政府组建的城市基础设施建设的主要实施主体，主要负责城市基础设施建设资金的筹集、城市基础设施建设的投资和国有资产的运营等。整体而言，2016 年公司在亳州市投融资领域的地位仍较突出，各项经营性业务稳定拓展。

第五节
转型前后对比分析

一、经营项目差异分析

亳州市城市发展投资集团有限责任公司（以下简称"亳州城投"）作为亳州市主要的基础设施建设平台和国有资本运营公司，依托并服务于亳州市。转型前

---

① 资料来源：亳州市人民政府信息公开网、亳州市本级 2016 年政府债务信息公开表。

后对比可以发现，亳州城投各经营项目收入所占比重发生明显的变化。

对转型之前 2012 年和 2013 年的数据进行分析，2012 年和 2013 年，亳州城投土地开发收入分别为 18.34 亿元和 11.81 亿元，占主营业务收入的比重分别为 49.72%、37.25%，成为建安集团最主要的收入来源；2012 年和 2013 年，公司土地整理收入分别为 12.08 亿元和 3.67 亿元，占主营业务收入的比重分别为 32.74% 和 11.56%，成为建安集团第二大收入来源；除以上两项项目收入外，2012 年和 2013 年，公司政府 BT 及施工项目收入分别为 0.41 亿元和 7.29 亿元，占主营业务收入的比重分别为 1.10% 和 22.99%。上述政府性收入的三个板块合计占主营业务收入的比重达到 83.56% 和 71.80%，可以发现在转型之前，政府性收入占主营业务收入的比重较大。

2014 年，亳州城投开始重组改制成建安投资控股集团有限责任公司，亳州城投开始走上自身的转型道路。2014 年、2015 年和 2016 年土地开发收入分别为 50.83 亿元、24.65 亿元和 19.14 亿元，占主营业务收入的比重分别为 49.87%、34.03% 和 36.36%，成为建安集团最主要的收入来源；2014 年、2015 年和 2016 年代建项目收入及施工项目收入分别为 35.67 亿元、34.07 亿元和 16.02 亿元，占主营业务收入的比重分别为 34.99%、47.04% 和 30.43%，成为建安集团第二大收入来源；2014 年、2015 年和 2016 年，土地整理收入分别为 2.70 亿元、2.85 亿元和 10.71 亿元，占主营业务收入的比重分别为 2.64%、3.93% 和 20.34%。上述政府性收入的三个板块合计占主营业务收入的比重达到 87.50%、85.00% 和 87.13%，可以发现在转型之后，政府性收入占主营业务收入的比重仍较大，公司仍需要进一步转型，市场化程度仍有待加强。

二、转型后城投资质变化分析

截至 2017 年 3 月末，公司控股股东与实际控制人未发生变化，均为亳州市国有资产监督管理委员会，持有公司 100% 的股权。预计未来 1~2 年，公司职能不会发生较大变化，投融资规模将有所增加，经营性业务规模也将保持增长，同时也将获得亳州市政府的有力支持，整体抗风险能力很强。

案例总结：与上海城投通过资产重组方式进行转型不同，建安集团是通过整合当地国有企业的方式进行转型（整合除古井集团外的所有亳州市属国有企业，形成拥有全资子公司 11 家，控股子公司 12 家，参股子公司 9 家，三级子公司 36 家的国有投资控股集团公司），也就意味着建安集团已不仅仅是城投平台，而是转型为国有资本运营公司。这种转型主要是借用国有企业改革的契机来提升建安集团的地位，符合国有企业改革的总体方案。

第七章

江东控股集团有限责任公司转型发展案例分析

第一节
平台发展历史分析

一、平台介绍

(一) 平台公司发展历史简介

马鞍山市城市发展投资集团有限责任公司（以下简称"马鞍山城投"）的前身是马鞍山市建设投资有限责任公司（以下简称"马鞍山建投"），是根据马鞍山市人民政府《关于同意组建马鞍山市建设投资公司的批复》（马政秘〔1999〕21号）于 1999 年 3 月成立的国有独资有限责任公司。在 2008 年金融危机发生之后，全球经济发展低迷，经济增长动力不足，国内基建快速扩张，地方政府融资压力巨大。为应对严峻的经济新形势，适应地方融资发展的新需要，2010 年 6 月 11 日，经马鞍山市人民政府《关于同意组建市城市发展投资集团的批复》（马政秘〔2010〕47 号文）同意，马鞍山市国资委在马鞍山建投的基础上组建马鞍山城投。

马鞍山城投是在马鞍山建投的基础上，联合马鞍山市工业投资公司（以下简称"马鞍山工投")、马鞍山市城发集团资产经营管理有限责任公司(现名安徽普邦资产经营有限公司)等城投和平台组建的马鞍山市基础设施建设的投融资主体和国有资产运营主体。

2014年5月20日,马鞍山城投发布公告,将公司名称更名为江东控股集团有限责任公司(以下简称江东控股集团)。马鞍山城投改制重组成江东控股,成为首家地方城市投融资平台创新改制而成的普通国有企业。

截至2016年底,发行人注册资本300000.00万元,资产总额892.75亿元,负债总额568.13亿元,所有者权益324.63亿元。2016年,发行人实现营业收入63.23亿元,利润总额5.30亿元,净利润4.96亿元。

(二)马鞍山城投主营业务范围变动情况

马鞍山建投是马鞍山市政府城市基础设施建设投融资主体、城建国有资产运营主体和城市基础设施项目建设主体,其主要经营范围包括:经营管理授权范围内的国有资产;融通建设资金;组织实施政府性投资项目建设;投资、经营有收益权的市政公用设施;投资经营与市政公用设施相关的土地、房地产开发;法律、法规许可的其他业务。

2010年,通过合并重组马鞍山工投和安徽普邦资产经营有限公司等其他城投平台公司组成马鞍山城投之后,公司业务范围得到进一步扩展,业务涵盖马鞍山城市基础设施、基础产业、能源、交通、教育、医疗及市政公用事业项目、新兴产业、新区、园区项目建设的投融资工作;从事授权范围内国有资产经营管理和资本运作,实施项目投资管理、资产收益管理、产权监督管理、资产重组和运营;参与土地规划、储备、整理、熟化工作;整合城市资源,实现政府资源资本化,政府收益最大化;对全资、控股、参股企业行使出资人权利;并承担市政府授权的其他工作。

在2014年寻求转型发展、重组成为江东控股集团之后,江东控股集团作为市政府发起设立的国有独资公司,经市国资委授权,代表市政府行使出资人权利,经营管理授权范围内国有资产产(股)权,实现资产保值增值;改制之后,江东控股集团经营范围变为:房地产综合开发;市政府授权范围内国有资产运营管理;投资及资产管理、非融资性担保;土地整理开发;资产租赁(不含金融租赁、工业地产租赁）；工程项目建设及咨询服务（不含工业地产）；投资信息咨询、代理中介服务（依法需经批准的项目经相关部门批准后方可开展经营活动）。其主营业务主要由加工制造业、造纸业、城市基础设施（政府项目回购和土地整理开发）、天然气销售、房地产业等板块组成。

（三）平台公司转型化方向

自从 2010 年成立以来，马鞍山城投一直担负着地方基础设施建设、地区融资发展职能，为马鞍山市地方经济发展建设做出了巨大的贡献。2014 年，为了应对 2013 年地方政府债务审计中所暴露的债务风险问题，响应国家防止债务违约风险的号召，马鞍山城投开始积极探索自身转型发展的道路，并于 2014 年 5 月 20 日成功改制重组成江东控股集团，成为首家地方城市投融资平台创新改制而成的普通国企。

改制重组之后的江东控股集团分设金融事业部、土地开发事业部、房地产开发事业部、投资管理事业部、市政公用事业部、基础设施事业部、资产运营事业部和文化旅游集团有限公司八个事业部。

江东控股集团作为市政府发起设立的国有独资公司，经市国资委授权，代表市政府行使出资人权利，经营管理授权范围内国有资产产（股）权，实现资产保值增值；归集城市可经营性资源，通过市场化运作，融通资金，推进城市建设发展。在马鞍山市 2015 年政府工作报告中也要求提高完善江东控股集团的管理体制和法人治理结构，做大做强业务板块，打造国有资本投资控股集团，承担带动全市投融资平台转型发展的重任。

二、重组分析

1999 年成立的马鞍山建投作为马鞍山市唯一的基础设施投融资平台，为马鞍山市城市发展建设做出了巨大的贡献，也获得了地方政府资产注入、财政补贴、土地划拨、项目回购等多种形式的支持。2009 年以前，马鞍山市政府每年给予公司一定的财政补贴，以支持公司的项目建设和债务的还本付息。

公司作为马鞍山市基础设施建设唯一的投融资平台，公司经营发展目标长期与马鞍山市基础设施建设发展规划紧密结合。自 2003 年以来公司重点支持了马鞍山市城市主干道路网、园区基础设施项目和一系列社会事业项目建设，在优化马鞍山市城市环境的同时，大大促进了马鞍山市经济承载力的全面提升。在明确基本职能与融资规划的基础上，马鞍山建投对基础设施项目的运营模式积极探索市场化的经营管理模式，明确在对水务引进北京首创股份有限公司的参与、燃气引进中国香港中华煤气有限公司等市场化的专业公司经营参与的探索下，以图其他社会公用事业进一步探索市场化的经营管理模式，来提高其经营效率，节约政府公共投入成本。在此背景下，2010年，马鞍山建投成功地联合马鞍山工投以及马鞍山市城发集团资产经营管理有限责任公司组成马鞍山城投，公司业务发展进一步多元化、市场化，经营效率也得到了进一步的提高。

马鞍山城投的成立进一步加快了马鞍山市城市建设的步伐，为马鞍山市城市发展建设立下了汗马功劳，但2013年之后，地方政府债务问题爆发，马鞍山市政府债务亦不断攀升，国务院对于地方政府债务问题也日益重视；此外受地区产业结构制约，未来1~2年马鞍山市经济增长仍受钢铁及汽车制造等周期性行业的影响，短期内马鞍山市地方财政收入增长形势偏紧。在此背景下，马鞍山城投积极探索自身发展转型的道路，开始彻底市场化的尝试。2014年5月，经缜密的研究之后，马鞍山城投成功地改制重组成江东控股集团，成为首家地方城市投融资平台创新改制而成的普通国企。

第二节
马鞍山城投平台地位分析

马鞍山城投的前身马鞍山建投作为马鞍山市唯一的基础设施投融资平台，获得了地方政府资产注入、财政补贴、土地划拨、项目回购等多种形式的支持。马鞍山市政府每年给予公司一定的财政补贴，以支持公司的项目建设和债务的还本付息，2007~2009年公司分别获得财政补贴收入2.64亿元、3.03亿元和3.31亿元。马鞍山国资委将下属截至2006年10月31日经审计的授权经营的国有净资产 8.80 亿元中的 8.38 亿元注入公司。马鞍山市政府还向公司注入了大宗土地资产，截至 2009 年末，马鞍山市政府将花山路 118 号等 21 宗、总面积 1114 公顷的土地使用权划拨至公司。同时，马鞍山市政府将有一定收益的马鞍山市能源交通投资有限公司（以下简称"马鞍山能投"）于 2008 年 12 月划归公司所有。

为整合国有资产管理平台，马鞍山市政府先后将马鞍山工投和马鞍山交投划转至公司，使得公司成为马鞍山市本级唯一的基础设施投融资主体，在马鞍山市城建投融资领域的地位突出，获得马鞍山市政府在国有资产划拨、财政补贴及授权进行土地一级开发业务等方面的有力支持。在国有资产划拨方面，为支持公司业务发展及增强融资能力，2010 年以来马鞍山市政府向公司注入较大规模的国有资产。根据马鞍山市人民政府马政秘〔2010〕103 文件，马鞍山市政府将花山区湖东北路 601 号等 29 处土地共 169248 平方米及地上建筑物 97 处共计 217336 平方米、国际华城南侧 2 号等共计 827337 平方米土地及马鞍山工投 23.08% 的国有股权（截至 2009 年末净资产 6.36 亿元，下属 22 家子公司）划入公司。2012 年 10 月，公司与马鞍山市国资委签订股权转让协议，收购马鞍山国资委持有的马鞍山工投剩余的全部股权，收购后公司持有马鞍山工投 100% 的股权。2012 年 12 月，根据《将市交通局持有的市骏马交投公司 5 亿元股权无偿划转给市城投集团的批复》（马资委〔2012〕45 号），马鞍山市交通运输局所持 16.67% 的骏马交投股权划转给公司。在财政补贴方面，马鞍山市政府每年向公司划拨财政补贴，以支持公司项目建设和债务还本付息，2010~2012 年公司分别获得财政补贴收入 6.86 亿元、5.92 亿元及 6.85 亿元。

2014 年马鞍山城投重组改制成江东控股集团，改制重组之后，公司依旧是马鞍山市本级唯一的基础设施和产业项目投融资主体，在马鞍山市城市建设领域的地位仍较为突出。公司继续获得马鞍山市政府在资本注入和财政补贴等方面的有力支持。根据马政〔2013〕26 号文件批准，公司下属公司骏马公司增加注册资本 20 亿元，在两年之内完成，其中 2014 年政府将马鞍山市港口岸线 50 年使用权无偿划拨至下属公司骏马公司名下。2014 年，公司作为马鞍山市主要的城市基础设施建设与运营主体，继续获得马鞍山市政府的财政补贴，以支持公司项目建设和债务的还本付息，2014年公司获得财政补贴收入16.06亿元，同比增长43.52%；2016年公司获得政府补助21.78亿元，同比增长19.28%。

综合上述分析可知，江东控股集团在转型前后，其均是作为马鞍山市唯一的市本级融资平台，承担着马鞍山市城市基础设施建设的投融资任务。

第三节
转型政策性分析

一、安徽省国有企业改革的背景

2014年3月13日，安徽省国资委召开省属企业发展混合所有制经济座谈会。在推进混合所有制经济发展的道路上，安徽版改革方案的六条路径分别是：股份制改造培育、整体上市发展、资本运作深化、员工持股转换、开放项目引进、参股民企投入。

2014年8月20日，在安徽省委全面深化改革领导小组第三次全体会议上，通过《2014年深化全省国资国企改革的安排意见》并指出，在未来3~5年，安徽将把90%的国有资本集中到四大板块中，即能源、交通板块，原材料板块，先进制造业板块及现代服务业板块。加大国有企业改革重组力度，培育具有国际竞争力的千亿元企业、万亿元产业。

安徽国有企业改革主要采用集团合并、集团整体上市一级混改和员工持股等方式进行，改革路径如下所示：

路径1：通过整体上市、强强联合做强国企。《安排意见》提出未来3~5年加大国企重组力度，培育千亿、万亿级企业。从案例来看，江淮集团已实现整体上市，淮南矿业将推进整体上市；交通投资集团和高速公路控股集团合并、安徽省投资集团和深圳安徽实业总公司重组进行中，重组过程较为顺利。

路径2：混改和员工持股。员工持股方面，采取股权激励、科技成果入股等多种形式,鼓励省属企业关键岗位的经营管理者、核心技术人员和业务骨干持股,探索推进混合所有制企业职工持股。

二、地方政府投融资平台转型的背景

2011 年以来我国全社会固定资产投资保持较快增长,基础设施建设不断推进,未来随着城镇化战略的推进,我国地方基础设施建设投资仍具备继续增长的空间。地方政府投融资平台在我国城市建设领域发挥重要作用,其开展投融资业务所形成的债务是地方政府性债务的重要组成部分,截至 2013 年 6 月末融资平台债务占地方政府三类债务合计的 39%。2014 年以来国务院、财政部等在地方政府债务管理、平台融资模式等方面进行多次政策调整,调整城市建设投融资模式,推进地方政府债务甄别,明确融资平台各类债务的偿债主体。此外,2015 年新《预算法》开始实施,财政部对地方政府存量债务进行甄别,存量债务将被分类纳入预算管理。2016 年以来,《中共中央国务院关于深化投融资体制改革的意见》(以下简称"18 号文")公布实施,是历史上首次以党中央国务院名义出台专门针对投融资体制改革的文件。同时为了严控隐性债务扩张风险,财政部正在摸底全国地方债务余额情况。在目前我国经济下行压力大的背景下,随着房地产领域调控力度的加大,房产投资将得到抑制,基础设施建设将成为稳增长的最重要抓手。预计未来,随着各地经济社会发展以及新型城镇化战略的实施,我国地方基础设施建设投资仍具备继续增长的空间,随着市场环境的改变和政府性债务管理模式的不断完善,对融资平台的运作模式的转变也提出了更高要求。

2016 年,根据《安徽省人民政府关于去杠杆防风险促进经济社会稳定健康发展的实施意见》(皖政〔2016〕55 号),鼓励各级政府对政府平台公司采取注入资本金、有效资产等措施,提升发行债券信用等级,降低融资利率。根据《安徽省财政厅关于财政支持政府融资平台公司转型发展的意见》(财债〔2016〕1301 号),鼓励有条件的融资平台公司实行多板块业务经营,增强造血功能。

第四节

马鞍山城投转型与政府债务管理的关系

一、安徽省政府债务分析

根据全国审计局 2013 年对安徽省政府性债务审计结果显示，截至 2013 年 6 月底，安徽省各级政府负有偿还责任的债务 3823.92 亿元，负有担保责任的债务 439.42 亿元，可能承担一定救助责任的债务 1691.49 亿元（见表 7-1）。

表 7-1　安徽省政府性债务规模情况

单位：亿元

时间	政府负有偿还责任的债务	政府或有债务	
		政府负有担保责任的债务	政府可能承担一定救助责任的债务
2012 年底	3502.41	409.46	1422.95
2013 年 6 月底	3823.92	439.42	1691.49

从举借主体看，政府部门和机构、融资平台公司、经费补助事业单位是政府负有偿还责任债务的主要举借主体，分别举借 2001.33 亿元、1079.03 亿元、401.60 亿元，由融资平台公司所产生的政府负有偿还责任的债务占比达 28.22%（见表 7-2）。

表 7-2　2013 年 6 月底政府性债务余额举借主体情况

举借主体类别	政府负有偿还责任的债务	占比（%）	政府或有债务	
			政府负有担保责任的债务	政府可能承担一定救助责任的债务
政府部门和机构	2001.33	52.34	110.43	0.00
融资平台公司	1079.03	28.22	234.78	765.70

续表

举借主体类别	政府负有偿还责任的债务	占比(%)	政府或有债务	
			政府负有担保责任的债务	政府可能承担一定救助责任的债务
经费补助事业单位	401.60	10.50	29.62	190.06
国有独资或控股企业	267.17	6.99	55.21	733.50
其他单位	69.71	1.82	7.99	0.00
公用事业单位	2.60	0.07	0.74	1.75
自收自支事业单位	2.48	0.06	0.65	0.48
总计	3823.92	100.00	439.42	1691.49

截至 2016 年末，安徽省全省一般政府债务余额限额 3672.6 亿元，其中省级一般政府债务余额限额 318.6 亿元，市县一般政府债务余额限额 3354.0 亿元。

初步统计，2016 年末全省一般政府债务余额 3319.9 亿元，其中省级一般政府债务余额 297.0 亿元，市县一般政府债务余额 3022.9 亿元。全省一般政府债务余额低于批准限额，债务风险总体可控。

二、马鞍山城投转型与地方政府债务关系

2012 年末，马鞍山市全口径和市本级政府直接债务余额分别为 69.55 亿元和 44.24 亿元，担保债务余额分别为 43.19 亿元和 11.61 亿元。马鞍山市全口径和市本级政府直接债务主要为由财政承担偿还责任的融资平台公司借款，占比分别为 79.50% 和 86.80%。作为马鞍山市市本级唯一的政府投融资平台，公司部分债务纳入政府债务余额管理。

2014 年末，马鞍山市全口径直接债务余额为 269.27 亿元，同比增加 54.55 亿元，担保债务余额为 2.11 亿元，同比减少 6.37 亿元，或有债务余额为 470.41 亿元；市本级直接债务余额为 104.98 亿元，担保债务余额为 1.76 亿元，或有债务余额为 268.76 亿元。同时财政收入的较大减幅也导致马鞍山市政府债务负担进一步加重。

为了减轻地方政府债务负担，响应中央相关文件指示精神，马鞍山市国资委开始探索马鞍山城投转型发展的道路，试图通过市场化转型来减少公司对政府的

依赖。马鞍山城投在扮演政府投融资平台职能的同时，积极探索市场化进程，公司也在逐步地做大做强。

第五节
转型前后对比分析

一、项目、资产差异分析

（一）经营项目差异分析

马鞍山市城投作为马鞍山市主要的基础设施建设平台和国有资本运营公司，依托并服务于马鞍山市。转型前后对比可以发现，马鞍山城投各经营项目收入所占比重发生明显的变化。

对 2012 年和 2013 年转型之前的数据进行分析，2012 年和 2013 年，马鞍山城投加工制造业分别实现营业收入 43.57 亿元和 63.18 亿元，占主营业务收入的比重分别为 34.76%、47.55%，成为发行人最主要的收入来源，受国家固定资产投资增速加快和实施稳健适当宽松货币政策的影响，2012~2013 年发行人加工制造业收入占营业收入的比重逐年上升；2012 年和 2013 年，公司造纸业分别实现营业收入 40.83 亿元和 22.50 亿元，占主营业务收入的比重分别为 32.57% 和 16.94%，成为发行人第二大收入来源，营业收入较为稳定。在政府性收入方面，2012 年和 2013 年，公司政府项目回购实现营业收入 8.11 亿元和 11.81 亿元，占主营业务收入的比重分别为 6.47% 和 8.89%；2012 年和 2013 年，公司土地出让收入为 25.26 亿元和 23.41 亿元，占主营业务收入的比重分别为 20.15% 和 17.62%。上述政府性收入的两个板块合计占主营业务收入的比重达到 26.62% 和 26.51%，可以发现在转型之前，政府性收入占主营业务收入的比重较大。

2014 年，马鞍山城投开始重组改制成江东控股集团，马鞍山城投开始了自身的转型道路，转型之后，受山鹰纸业股权转让、汽车行业需求下降及土地市场低迷的影响，2014~2016 年公司营业收入持续下降，汽车制造和土地整理成为公司收入与利润的主要来源。2014 年、2015 年和 2016 年，马鞍山城投加工制造业分别实现营业收入 46.76 亿元、34.69 亿元和 39.23 亿元，占主营业务收入的比重分别为 56.04%、49.05% 和 62.04%；在政府性收入方面，2014 年、2015 年和 2016 年，公司政府项目回购分别实现营业收入 6.03 亿元、4.81 亿元和 2.80 亿元，占主营业务收入的比重分别为 7.23%、6.81% 和 4.43%，呈连续下滑趋势；2014 年、2015 年和 2016 年，公司土地出让收入为 10.87 亿元、3.91 亿元和 3.92 亿元，占主营业务收入的比重分别为 13.03%、5.52% 和 6.20%（见表 7-3）。上述政府性收入的两个板块合计占主营业务收入的比重达到 20.26%、12.33% 和 10.63%，可以发现在转型之后，政府性收入占主营业务收入的呈现连续下滑趋势，公司转型较为成功，市场化收入占比逐步上升。

表 7-3　2012~2016 年公司主营业务收入

项目	2016 年		2015 年		2014 年		2013 年		2012 年	
	金额(亿元)	占比(%)	金额(亿元)	占比(%)	金额(亿元)	占比(%)	金额(亿元)	占比(%)	金额(亿元)	占比(%)
加工制造业	39.23	62.04	34.69	49.05	46.76	56.04	63.18	47.55	43.57	34.76
造纸行业	—	—	—	—	—	—	22.50	16.94	40.83	32.57
政府项目回购	2.80	4.43	4.81	6.81	6.03	7.23	11.81	8.89	8.11	6.47
天然气销售	5.65	8.94	7.90	11.17	7.20	8.63	4.70	3.53	—	—
土地出让	3.92	6.20	3.91	5.52	10.87	13.03	23.41	17.62	25.26	20.15
其他	11.63	18.39	19.42	27.46	12.58	23.71	11.96	9.00	7.59	6.05
合计	63.23	100.00	70.73	100.00	83.44	100.00	132.86	100.00	125.36	100.00

（二）资产差异分析

为了适应市场化转型的需要，马鞍山城投在转型的过程中，对自身控股子公司做了进一步的改制重组。集团公司整合之后，公司管理更加清晰，权责明确，更加适合市场化竞争要求。转型之后，集团分设金融事业部、土地开发事业部、房地产开发事业部、投资管理事业部、市政公用事业部、基础设施事业部、资产运营事业部和文化旅游集团八个事业部（见表 7-4）。

表7-4　集团各事业部所属相关企业

事业部	相关企业
市政公用事业部	江东控股集团马鞍山市政公用事业投资有限公司
	新能源环保公司（筹）
投资管理事业部	安徽省高新创业投资有限责任公司
	马鞍山市睿马科技服务有限供公司
土地开发事业部	马鞍山市瑞马建设工程有限公司
	马鞍山市土地储备中心江东控股集团分中心
	马鞍山市靓马城乡建设投资有限公司
房地产开发事业部	马鞍山市城发集团置业有限责任公司
基础设施事业部	马鞍山市骏马交通运输建设投资有限公司
	马鞍山市秀山医院
资产运营事业部	马鞍山市富马工业科技发展有限公司
	安徽普邦资产经营有限公司
金融事业部	马鞍山江东金融控股有限公司
文化旅游集团	马鞍山市文化旅游集团有限公司

在二级控股子公司方面，转型之前，马鞍山城投拥有八家二级控股子公司，转型之后，江东控股集团拥有12家二级控股子公司，马鞍山市乐马文化旅游投资发展有限公司、马鞍山市秀山医院、马鞍山市睿马科技服务有限公司以及马鞍山市文化旅游集团有限公司新纳入公司二级子公司范围，公司经营范围进一步扩大，形成了覆盖教育、医疗、文化、金融、基建以及资产管理全方位的产业布局（见表7-5）。

表7-5　转型前后马鞍山城投公司二级控股子公司变化情况

转型后子公司		转型前子公司情况	
序号	公司名称	序号	公司名称
1	马鞍山市工业投资有限责任公司	1	马鞍山市工业投资有限责任公司
2	安徽省高新创业投资有限责任公司	2	安徽省高新创业投资有限责任公司
3	安徽普邦资产经营有限公司	3	安徽普邦资产经营有限公司
4	江东控股集团马鞍山市政公用事业投资有限公司	4	马鞍山市城投集团市政公用事业投资管理有限公司

续表

转型后子公司		转型前子公司情况	
序号	公司名称	序号	公司名称
5	马鞍山市靓马城乡建设投资有限公司	5	马鞍山市靓马城乡建设投资有限公司
6	马鞍山市骏马交通运输建设投资有限公司	6	马鞍山市普邦融资担保有限责任公司
7	马鞍山市瑞马建设工程有限公司	7	马鞍山市骏马交通运输建设投资有限公司
8	马鞍山市乐马文化旅游投资发展有限公司	8	马鞍山市瑞马建设工程有限公司
9	马鞍山市秀山医院		
10	马鞍山市睿马科技服务有限公司		
11	马鞍山市文化旅游集团有限公司		
12	马鞍山江东金融控股有限公司		

二、转型后城投资质变化分析

截至 2017 年 3 月末，江东控股集团实际控制人仍为马鞍山市国资委。作为马鞍山市重要的投融资主体，公司战略目标与马鞍山市发展规划结合较为紧密，公司重点支持马鞍山市城市主干道路网、棚户区改造、文体场馆、环境整治、文化旅游、产业配套等城市功能提升工程以及燃气、公交、污水处理、公路运营、垃圾焚烧发电等公共服务。整体而言，2016 年公司在马鞍山市投融资领域的地位仍较突出，各项经营性业务稳定拓展。预计未来 1~2 年，公司职能不会发生较大变化，投融资规模将有所增加，经营性业务规模也将保持增长，同时也将获得马鞍山市政府的有力支持，整体抗风险能力很强。

案例总结：马鞍山城投转型为江东控股集团，这是典型的由城投平台转型为国有企业的案例，转型的条件在于经营性业务收入的比重逐渐上升，公益性收入比例逐步下降。在转型过程中，制订符合当地政府国企改革和地方政府债务管理的方案，可以得到当地政府的大力支持。

第八章

云南省城市建设投资集团有限公司转型发展案例分析

第一节
平台发展历史分析

一、平台介绍

云南省城市建设投资集团有限公司（原名为"云南省城市建设投资有限公司"，2012年7月更名）（以下简称云南城投集团）成立于2005年4月，是经云南省人民政府批准组建的现代大型国有企业，是云南省人民政府授权的城建投资项目出资人代表及实施机构。

云南城投集团以"政府引导、市场机制、企业运作"为指导思想，围绕云南省委、省政府城镇化建设战略部署，发挥种子资金的投资引导和多级放大作用，促进云南省城市化建设与发展。集团先后投资建设北京云南大厦、上海云南大厦、云南海埂会议中心、部分驻昆高校呈贡新校区建设、西双版纳避寒山庄、昆明第一人民医院甘美国际医院、昆明滇池国际会展中心等重点项目，有力地推动了区域经济发展和地方基础设施建设。

云南城投集团成立以来，通过货币资源化、资源资产化、资产资本化、资本证券化、证券货币化的良性循环，实现了持续跨越式发展。集团总资产近 2000 亿元，拥有云南城投置业股份有限公司、云南水务产业发展有限公司、莱蒙国际 3 家主板上市公司，一乘股份 1 家新三板上市公司，拥有近 30 家全资（控股）公司和 20 多家参股公司，业务涵盖城市开发、城镇环境、健康、休闲、金融等领域。

（一）发展概况

2005 年 4 月 28 日，根据《云南省人民政府关于同意组建云南省城市建设投资有限公司的批复》（云政复〔2005〕26 号），云南省开发投资有限公司（已更名为"云南省投资控股集团有限公司"）与云南建工集团总公司（已更名为"云南建工集团有限公司"）共同出资建立云南省城市建设投资有限公司，注册资本 113880 万元。

2009 年 2 月，经云南省人民政府《云南省人民政府同意调整云南省城市建设投资有限公司产权管理关系的批复》（云政复〔2009〕7 号）批准，以 2008 年 12 月 31 日经审计后的财务报表为基准，将云南省投资控股集团有限公司出资所形成的权益无偿划归云南省人民政府，并由云南省国资委代为行使出资权益。调整后，公司控股股东为云南省国资委，持股比例为 86.21%，公司成为云南省国资委直管的省属一级企业。

2012 年 6 月 15 日，股东会同意变更公司名称为"云南省城市建设投资集团有限公司"，并于 2012 年 7 月完成公司名称、营业执照、公司章程、组织机构代码证及税务登记证等变更工作。

2013 年 4 月，股东大会同意增加注册资本 3003414400 元，由资本公积转增，转增基准日为 2012 年 12 月 31 日。2013 年 7 月 11 日，公司将云南省国资委历年注入公司的 3003414400 元政府补助（计入资本公积部分）转增实收资本并进行相应的工商变更，变更后公司注册资本为 414221.44 万元，云南省国资委持股比例为 96.21%，云南建工集团有限公司持股比例为 3.79%。

2015 年 12 月，根据云南省国资委《云南省国资委转发云南省人民政府关于划转部分国家出资企业股权充实云南圣乙投资公司国家资本金批复的通知》（云国资产权〔2015〕303 号），云南省国资委将其所持有集团公司 40% 的股权无偿划转至云南圣乙投资有限公司（已更名为"云南省国有资本运营有限公司"，实际控制人为云南省国资委)。股权划转后,云南省国资委、云南省国有资本运营有限公司和云南建工集团有限公司分别持有本公司 56.21%、40.00% 和 3.79% 的股份,集团公司发行人控股股东及实际控制人均为云南省国资委。

(二) 业务类型

受经营业务集中化程度较高、项目开发计划频繁变更、房价及土地价格增长迅速、投资资金回收周期较长等业务因素的影响,以及国务院及相关部委陆续出台"国十一条""新国十条",云南省也相继出台了一系列土地和房价专项调控措施,集团公司自 2010 年开始逐步调整发展战略,突出表现在:第一,主动调整项目开发节奏,压缩受调控影响的业务;第二,通过出资设立新子公司和参股现有公司的方式拓展经营领域,不断加大对物流贸易、旅游文化和公共事业等业务板块的投入。

2012 年以后,集团公司初步形成以物流贸易、城市开发、旅游文化、公共事业及建筑安装为主的五大业务板块,经营性业务占比和增速不断提升。截至目前,集团公司已形成以城市开发、城镇环境为主业,以大健康、大休闲为转型,以金融、互联网为平台的战略发展格局,经营行业涉及城市基础设施建设行业、房地产行业、水务行业、旅游服务行业、医疗产业、医药行业、教育行业和金融行业,推动公司"多元化经营、市场化发展"目标的实现。

其中,城市开发以城投置业为主要载体,以旅游地产、养生地产为战略重点,着力推进"梦云南"和"融城"品牌系列项目的开发。城镇环境坚持综合环境投资、大水务经营、轻重资产相结合、提升人居环境综合投资四个模式,拓展固体废弃物、医疗废弃物、危险品废弃物等处理业务。休闲业务拓展新型旅游模式,打造集会展、旅游、休闲、度假、养生于一体的旅游综合体项目。健康业务着力整合云南省优质医疗和生物资源,顺利投资建成昆明第一人民医院甘美国际医院。在金融业务方面,由集团牵头发起设立的"诚泰保险公司"实现云南地方保险业市场"零"的突破。

(三) 转型方向

结合新一轮国企改革的政策导向,集团按照有利于聚焦核心主业、提升核心竞争力,在坚持专业化的基础上实施相关多元化经营的既定目标,以新定位优化集团战略规划，逐步建立完善集团业务生态系统，打造专业化国有资本运营公司，确保做强城市开发与城镇水务两个主营业务，推进"大健康、大休闲"两个转型业务，抓好金融与互联网两个平台建设，利用资源重组、资本运作和联合经营等方式实现集团业务的转型升级与协同发展，逐步提高经营性业务比重，优化公司业务结构。

二、转型分析

(一) 转型过程

1. 城市开发板块：推动云南城投置业股份有限公司 A 股上市，拓展多元化融资渠道

云南城投置业股份有限公司是集团公司城市开发主业的承载主体，并于 2007 年 11 月 30 日在上海证券交易所上市。城投置业子公司目前拥有近 20 家参控股公司，建立了土地一、二级联动开发模式，具备综合配套、系统开发、全程管控的业务能力。

在做好省内房地产项目开发和土地储备的同时，城投置业积极按照集团产业战略转型要求，加快向复合型产业转变的步伐：以旅游地产、养生地产为战略重点，着力推进"梦云南"和"融城"品牌系列项目的布局与开发，推出了"梦云南·健康度假养生村"品牌暨连锁分时度假平台。

2. 水务板块：组建云南水务产投公司，通过战略重组推动完成港股上市

2009 年 4 月 28 日，在省政府"两污"治理政策和专项资金支持下，集团公司出资筹建云南省水务产业投资公司。2011 年，水务板块成功引入碧水源进行战略重组，组建了新的云南水务产业投资发展有限公司，2014 年股改后名称改为云南水务投资股份有限公司。2015 年 5 月 27 日，成功实现香港主板 H 股挂牌交易。

3. 房地产物业开发板块：购买莱蒙国际（港股上市地产开发企业）27.62% 的股权，并成为第一大股东

2015 年 7 月 27 日，莱蒙国际控股股东 Chance Again（黄俊康）以每股 3.8 港元的价格，向彩云国际投资有限公司（为云南省城市建设投资集团有限公司全资子公司）出售 3.25 亿股莱蒙国际股份，占莱蒙国际已发行股本的约 27.62%。

4. 大休闲板块：合作搭建民族文化旅游开发平台，打造多元化文化旅游生态圈

2013 年 6 月，集团公司与迪庆旅发集团签订股权合作协议，搭建集团民族文化旅游开发平台，实施西双版纳、迪庆民族文化旅游资源的整合。

集团公司着力打造多元化文化旅游生态圈，具体包括：打造云南藏区和西双版纳综合旅游板块；以云南迪庆藏区为中心，打造滇川藏大香格里拉民族团结示范区；利用昆明滇池国际会展中心项目建设契机，培育会展商务文化旅游经营模式。

5. 大健康板块：挖掘云南省特有的生物医药资源，着力推进优质医疗产业资源的整合

2014 年 3 月，集团成功并购昆明市第一人民医院，成为全国第一个并购三级甲等公立医院的企业。同年 10 月，由集团投资建设的甘美国际医院正式建成并投入使用。

另外，集团还成功引入创立基金增资云南云科药业有限公司，将其整合为云南三七科技有限公司，实现了对特安呐制药集团的控股，基本完成了从科技到种植、提取、精深加工、贸易各板块的整合布局，形成了基本完整的三七全产业链格局。

6. 教育板块：成立云南城投教育投资管理有限公司，完善城市教育功能配套

2010 年 1 月 21 日，集团发起成立云南城投教育投资管理有限公司，注册资金为 1.33 亿元，主要负责津桥学院管理、空港新校区建设、职业素质提升及在职学历教育培训业务。

7. 金融板块

集团公司牵头发起设立云南省法人保险公司"诚泰财产保险股份有限公司"，并积极入股商业银行，设立资本公司和保理公司，设立产业类投资基金，推进本元第三方支付平台建设。

（二）业务结构

1. 2011~2013 年，转型起步初期

这一时期，集团公司正在逐步进行战略转型探索，并持续优化业务结构，拓

展新的业务领域。突出表现在：一方面，积极开拓建筑安装板块和商用物业销售板块；另一方面，物流贸易板块业务占比迅速下降，公司业务结构进一步优化，经营性业务占比稳步上升（见表8-1）。

表8-1　2011~2013年集团五大主营业务收入及占比

项目		2013年		2012年		2011年	
		收入（元）	占比（%）	收入（元）	占比（%）	收入（元）	占比（%）
城市开发	房地产商品房	206477.59	25.09	38245.72	7.02	24865.16	10.09
	商用物业销售	99042.93	12.04	—	—	—	—
建筑安装		102929.48	12.51	146490.02	26.89	—	—
公用事业	教育	19784.17	2.40	—	—	—	—
	医疗	22094.07	2.68	—	—	—	—
	水务	22865.49	2.78	43083.18	7.91	27479.33	11.15
旅游服务		28549.99	3.47	17862.65	3.28	15496.11	6.90
物流贸易		179837.39	21.85	264267.53	48.52	156478.25	63.50
其他业务		141346.60	17.18	34743.48	6.38	22110.31	8.36
合计		822927.70	100.00	544692.58	100.00	246429.16	100.00

资料来源：公司2011~2013年审计报告。

2. 2014~2016年，转型快速推进期

这一时期，集团公司已形成以城市开发、建筑安装、公用事业、旅游服务、物流贸易五大板块为支撑的主营业务结构（见表8-2），并且经营性业务在营业数额和同比增速上均占据重要地位，公司经营市场化程度不断提高。

表8-2　2014~2016年集团五大主营业务收入及占比

项目		2016年		2015年		2014年	
		收入（元）	占比（%）	收入（元）	占比（%）	收入（元）	占比（%）
城市开发	房地产商品房	843618.99	43.25	303844.53	23.52	135116.05	12.84
	商用物业销售	92707.46	4.75	140478.69	10.88	206226.88	19.60
建筑安装		108487.85	5.56	120693.69	9.34	167046.07	15.88
公用事业	教育	42648.68	2.19	48920.20	3.79	43205.22	4.11
	医疗	249443.32	12.79	94463.30	7.31	89162.11	8.48
	水务	90968.90	4.66	90325.10	6.99	43618.27	4.15

续表

项目	2016 年		2015 年		2014 年	
	收入（元）	占比（%）	收入（元）	占比（%）	收入（元）	占比（%）
旅游服务	118058.54	6.05	115973.74	8.98	95811.76	9.11
物流贸易	16590.82	0.85	54253.82	4.20	124536.35	11.84
其他业务	388228.54	19.90	322678.10	24.98	147297.99	14.00
合计	1950753.00	100.00	1291631.17	100.00	1052020.71	100.00

资料来源：公司 2014~2016 年审计报告。

（三）转型结果

2011 年 6 月之前，云南城投集团被列入银监会平台名单。根据 2010 年国务院下发的"国发 19 号文"精神，云南省银监局等部门按要求对集团公司进行详细排查，认定集团公司是以市场化运作的国有企业并且实现现金流全覆盖，不属于政府投融资平台。自 2011 年 6 月之后，集团公司被调出政府融资平台清单，且从 2013 年 6 月 30 日至今，集团公司未新增纳入地方政府的存量债务。

集团公司现已形成以城市开发、旅游文化、公共事业、建筑安装及物流贸易为主业，以金融、循环经济为城市功能配套业务的发展战略格局。2013~2016 年，上述五大业务板块的合计营业收入占主营业收入的比重分别为 82.82%、85.99%、75.02% 及 80.10%，经营性业务重点较为突出。

第二节

云南城投平台地位分析

一、云南城投在云南省的重要性分析

云南城投作为云南省重要的基础设施运营主体，所承担的基础设施建设项目，从数量和重要性等方面来看，在云南省都具有突出地位。成立至今，公司产业链持续延伸，各业务板块较快发展，资产和收入规模增长迅速，业务范围涵盖城市开发、城镇水务、文化旅游、医疗、生物医药、金融教育、酒店等多领域，具有较强的经营优势和经营实力。

（一）较强的区域竞争力，业务专营性强

云南城投集团系经云南省政府批准成立的省属投资公司，系云南省国资委直管企业。作为云南省政府重要的城市建设主体，得到云南省各地各级政府的大力支持，在土地获取、城市经营和融资方面较其他同类公司有很大的竞争优势。未来随着云南省城镇化进程的加速推进，集团公司的业务规模将迅速扩大，行业地位将进一步加强。

（二）政府支持力度较大

作为云南省主要基础设施投资和运营企业，云南城投集团在项目投资、项目融资、债务偿还方面均得到省政府财政的支持。近年来，云南省财政实力逐步增强，基础设施投资建设力度不断加大，能够为集团公司的项目建设和债务偿还提供有效的资金补充。另外，云南省以政府文件形式确立了对集团公司的财政补贴机制，较好地保障了集团公司多元化融资的能力、对债务本息的偿还能力和可持续性发展能力。

（三）显著的持续融资优势

作为云南省城市基础设施建设主体，集团公司综合实力较强并在发展中积累了丰富的财务资源，具备较多的融资渠道和较强的融资能力。另外，云南城投集团拥有良好的资信条件，自成立以来，发行人注重银行信誉，无欠息、逾期、垫款的情况发生，所有贷款形态均为正常，在各金融机构中有着极高的诚信度，同时与众多金融机构建立了良好、长久的合作关系。

（四）突出的专业能力优势

云南城投集团业务优势明显，以较强的专业能力和优良的业绩在行业内树立了良好的品牌形象。公司在长期城建投资建设与运营的过程中积累了丰富的经验，形成了一套在现有体制下降低投资成本、保证项目质量、缩短工期的高效管理程序。

（五）打造综合品牌优势

云南城投集团在云南省的影响力较大，属于行业龙头企业，承担了省内多个知名项目建设，引领全省城市化进程，在云南省内甚至全国都有较高的知名度。在污水处理方面，通过与行业知名企业碧水源的合作，扩大了自身在行业中的影响力。在项目开发方面，通过控股莱蒙国际，快速布局京津冀、长三角和珠三角地区，增强集团公司在全国市场的影响力和品牌知名度。

二、政府支持力度分析

云南城投集团作为云南省重要的大型国有企业，发行人承担着云南省公用事业建设、国有资产业务转型实践等职能，公司在资金投入和土地出让收益返还等方面得到了地方政府的大力支持。

（一）资本金注入

公司实际控制人云南省国资委分别于 2011~2015 年向发行人分五次注入资本金 10.16 亿元、4.01 亿元、0.55 亿元、1.84 亿元和 2.75 亿元，以扩大集团公司资产规模和可持续发展能力。

（二）政府补贴收入

2011~2016 年，当地各级政府对集团公司的补贴呈现较大波动，但总体呈下降态势，可见集团公司经营收入对政府的依赖程度逐步下降，市场化程度不断提升（见图 8-1）。

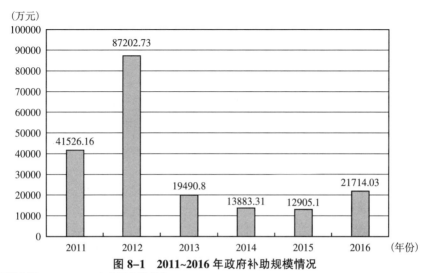

图 8-1　2011~2016 年政府补助规模情况

资料来源：2011~2016 年公司审计报告。

第三节

转型政策性分析

一、《云南省人民政府关于完善国有资产管理体制的实施意见》（云发〔2016〕6号）

《云南省人民政府关于完善国有资产管理体制的实施意见》主要提出三点要求：第一，构建国有资本投资运营平台。主张引导主业突出、治理结构较为完善、竞争力较强、风险管控机制健全的国有企业改组为国有资本投资公司，或通过企业国有股权、国有资产的划转或注入资金组建国有资本运营公司。第二，探索国有资本投资运营模式。主张通过投资融资、资本整合，培育发展云南优势产业，优化国有资本分布和结构；引导国有资本运营公司通过股权运作、价值管理、有序进退等方式，促进国有资本合理流动。第三，维护国有出资企业经营自主权。要求国有出资企业作为市场竞争主体和独立的法人实体，实行专业化经营，着力加强经营管理，提升市场化运作能力和企业创新能力，促使国有企业真正成为依法自主经营、自负盈亏、自担风险、自我约束、自我发展的独立市场主体。

二、《云南省人民政府关于推进国有企业完善现代企业制度的实施意见》

《云南省人民政府关于推进国有企业完善现代企业制度的实施意见》（以下简称《实施意见》）指出要依法完善国有资本投资、运营公司与所出资企业的关系，国有资本投资、运营公司作为国有资本市场化运作的专业平台，应依法自主开展国有资本运作，对所出资企业行使股东职责，按照责权对应原则切实承担起国有资产保值增值责任。

该《实施意见》还要求发挥国有资本投资运营平台的作用，引导平台进行投资融资、产业培育、资本整合，以推动产业集聚和转型升级，使国有资本更多投向对地方经济发展有支撑力和带动力的重要行业、战略性新兴产业以及重点提供公益性产品和服务的领域。

三、《云南省人民政府办公厅关于推进国有企业供给侧结构性改革的实施意见》（云政办发〔2016〕108号）

推进供给侧结构性改革，是适应和引领经济发展新常态的必然要求，是转变经济发展方式和战略性调整经济结构的关键，去杠杆是推进供给侧改革的重点任务之一，因而该《实施意见》提出以下几点综合性去杠杆政策：

第一，引入资本增量，优化资本结构。积极推进国有企业股权多元化，有序发展混合所有制经济，增加企业资本金；支持企业充分利用多层次资本市场，通过改制上市、"新三板"挂牌、区域性股权市场发行转让等方式，提升资本市场竞争力，引入增量投资；通过引入产业发展基金、风险投资基金等，优化企业资本结构，降低企业资产负债率。

第二，增加直接融资，优化债务结构。创新融资方式，鼓励国有企业综合利用企业债、公司债、中期票据、短融、超短融、私募债等直接融资工具；支持具备条件的企业加大对永续债、绿色债券、美元债等债券的发行力度，提高直接融资比重，置换高息债务；支持企业通过资产证券化、融资租赁等方式，盘活存量资产。

第三，推进重组整合，增强融资能力。充分发挥整合重组对调整优化企业债务结构的促进作用，对有发展前景、资产负债率较高、现金流紧张、生产经营出现暂时困难的国有企业，加大债务重组力度，通过实施债转股、资产证券化等手段和措施，降低资产负债率，增强企业融资能力，提高企业盈利能力和水平。

第四，强化债务管控，消除系统风险。督促指导国有企业做好债务风险排查，制定债务管控措施，加大对高成本负债的置换力度，加大对应收账款、担保、对外借款等重大债项的清理力度，防范资金链断裂等系统性风险发生；支持企业债务重组和兼并重组，坚决遏制企业恶意逃废债行为，推动建立融资及债务会商机制。

四、《关于做好国有企业提质增效工作的实施意见》（云政办发〔2016〕109 号）

《关于做好国有企业提质增效工作的实施意见》要求：第一，坚持在有序引导增量中提质量、增效益，创新投资模式，调整优化投资结构，积极扩大合理有效投资，通过加快培育新增长点实现提质增效，促进国有资本合理流动。第二，鼓励国有企业充分利用多层次资本市场，努力构建多渠道、多元化、互为补充的融资体系，提高直接融资比重，实现资产经营与资本经营、产业资本与金融资本、实体经济与虚拟经济相融合。第三，支持企业通过改制上市、"新三板"挂牌、区域性股权市场发行转让等方式，提高资本证券化水平，增强国有资本流动性。第四，改革国有资本授权经营体制，改组设立一批国有资本投资、运营公司，加快打造国有资本流动平台，实现国有产权、股权在合理流动中保值增值。

五、《云南省通过政府和社会资本合作模式化解存量政府性债务实施方案》（云政办发〔2017〕70 号）

该方案要求进一步完善 PPP 模式业务流程，主要包括：①建立项目遴选机制，积极稳妥发起项目；②认真编制实施方案，做好项目前期准备；③科学开展评估论证，严格项目识别认定；④依法开展项目采购，规范选择合作伙伴对于纳入"两库锁定"的项目；⑤合理设计合同条款，明确化债具体事项；⑥加强项目运行管理，确保服务供给质量，各级财政部门应根据预算管理要求，将 PPP 项目合同中约定的政府跨年度财政支出责任纳入中期财政规划，将下一年度财政资金收支纳入预算管理；⑦及时组织项目移交。

第四节

云南城投转型与政府债务管理的关系

一、云南省政府债务分析

依据 2014 年 1 月 24 日公告的《云南省政府性债务审计结果》，截至 2013 年
6 月底，全省各级政府负有偿还责任的债务 3823.92 亿元，负有担保责任的债务
439.42 亿元，可能承担一定救助责任的债务 1691.49 亿元。从政府层级看，省
级、市级、县级、乡镇政府负有偿还责任的债务分别为 1104.81 亿元、1161.13
亿元、1513.35 亿元和 44.63 亿元（见图 8-2）。

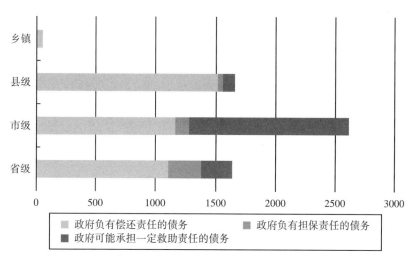

图 8-2　2013 年 6 月底各级政府性债务规模情况（单位：亿元）

资料来源：2014 年 1 月 24 日公告的《云南省政府性债务审计结果》。

从举借主体看，政府部门和机构、融资平台公司、经费补助事业单位是政府
负有偿还责任债务的主要举借主体，分别举借 2001.33 亿元、1079.03 亿元、
401.60 亿元。在来源于政府平台公司的政府性债务方面，政府负有偿还责任的债

务达 1079.03 亿元，政府或有债务达 1000.48 亿元。融资平台是地方政府债务的
第二大类形成载体（见表 8-3）。

表 8-3　2013 年 6 月底各级政府性债务规模情况

单位：亿元

举借主体类别	政府负有偿还责任的债务	政府或有债务	
		政府负有担保责任的债务	政府可能承担一定救助责任的债务
政府部门和机构	2001.33	110.43	0.00
融资平台公司	1079.03	234.78	765.70
经费补助事业单位	401.60	29.62	190.06
国有独资或控股企业	267.17	55.21	733.50
其他单位	69.71	7.99	0.00
公用事业单位	2.60	0.74	1.75
自收自支事业单位	2.48	0.65	0.48
总计	3823.92	439.42	1691.49

资料来源：2014 年 1 月 24 日公告的《云南省政府性债务审计结果》。

从债务资金投向看，主要用于基础设施建设和公益性项目，不仅较好地保障
了地方经济社会发展的资金需要，推动了民生改善和社会事业发展，而且形成了
大量优质资产，大多有经营收入作为偿债来源。在已支出的政府负有偿还责任的
债务 3617.07 亿元中，用于交通运输、市政建设、土地收储、教科文卫、保障性
住房、农林水利、生态环境等基础性、公益性项目的支出 3281.24 亿元，占
90.72%（见图 8-3）。

从未来偿债年度看，2013 年下半年、2014 年到期需偿还的政府负有偿还责任
的债务分别占 27.50% 和 15.01%，2015 年、2016 年和 2017 年到期需偿还的分别占
16.24%、8.29% 和 7.27%，2018 年及以后到期需偿还的占 25.69%（见图 8-4）。

二、云南省地方政府债务率

云南省在全国各省债务水平中处于偏高水平，在 2016 年狭义省级政府债务
率排名（地方政府债务率应该用地方政府债务限额/综合财力计算，这里是另外
一种统计口径，即以城投债余额和地方公共财政收入计算）中居第八位。从云南

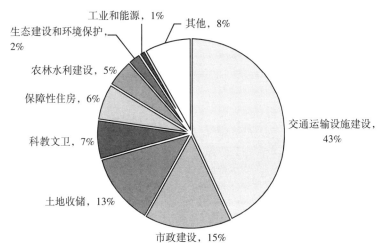

图 8-3　2013 年 6 月底政府性债务余额支出投向比例

资料来源：2014 年 1 月 24 日公告的《云南省政府性债务审计结果》。

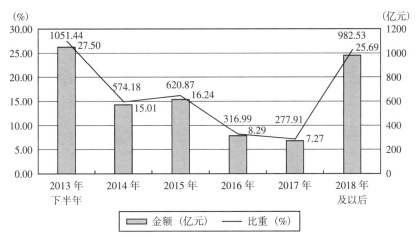

图 8-4　2013 年 6 月底政府性债务余额未来偿债情况

各地级市债务率统计数据来看，云南整体债务率 305%，省级平台债务占全省的
六成，16 个地市州的整体债务率为 139%，其中保山和昆明较高（见表 8-4）。

从融资平台和地方政府债务的关系看，首先，云南省的地方政府债务率普遍
偏高，未来债务增长的空间有限；其次，形成债务的载体主要是政府部门和机
构、融资平台，且主要用于交通运输和市政建设等公益性项目，因为缺乏市场化
运作的条件，所以对大部分平台而言转型是困难的，只有个别受政府支持力度较
大且项目自身较好的平台更容易实现转型。

表 8-4 云南省各州市债务率情况

城市	地方公共财政收入（亿元）	发债政府平台有息债务（亿元）	债务率（%）
省本级	413	3573	865
保山市	52	174	333
昆明市	502	1222	243
临沧市	38	48	127
楚雄彝族自治州	68	79	116
曲靖市	118	133	113
文山壮族苗族自治州	52	43	83
普洱市	47	37	77
丽江市	48	33	69
德宏傣族景颇族自治州	32	19	60
红河哈尼族彝族自治州	123	62	50
西双版纳傣族自治州	31	13	43
玉溪市	125	50	40
大理州	78	30	38
昭通市	55	0	0
怒江傈僳族自治州	9	0	0
迪庆藏族自治州	16	0	0

资料来源：360 个人图书馆。http://www.360doc.com/content/16/0824/06/30206671_585483664.shtml.

第五节
转型前后对比分析

一、项目、资产差异分析

2007 年 4 月初，公司抓住机会，收购重组云南红河光明股份有限公司（以下简称红河光明），置入经营性房地产业务板块资产而实现主营业务借壳上市，快速打通了进入资本市场的通道，经过近半年的艰辛努力，收购重组、资产置换和股改圆满成功，创造了我国 A 股市场上市公司快速收购重组的一个奇迹，成功实现了向资本市场的一步跨越，实现了经营性房地产主营业务的上市，红河光明更名为云南城投置业股份有限公司，股票代码为 600239。经过重组后三年的艰苦努力，上市公司已经初步建立了土地一、二级联动的开发模式和城中村开发模式，基本具备了综合配套、系统开发、全程管控的业务拓展能力，公司的基本面、盈利能力、成长性都得到了根本性的改善和提高。

由图 8-5 可以看出，公司的资产及净资产呈现跨越式增长，其中，2007 年资产为 74.25 亿元，净资产为 26.34 亿元，2016 年末资产达到 1995.76 亿元，净资产达到 428.23 亿元。

图 8-5　2007 年以来公司资产及净资产情况

资料来源：公司历年内部报告。

转型前，公司专注于城市开发这一核心主业，并适时加大水务等城市经营性配套设施的投资。2010 年，公司实现营业收入 11.31 亿元（见图 8-6）。2010 年，云南省政府继续向该公司注入水务等经营性资产，使其权益资本规模大幅增长，年末为 93.89 亿元。

公司物流贸易板块 2011 年起步，实现收入 15.65 亿元，收入规模较大。房地产板块收入波动性较大，2011 年房地产业务收入仅实现 24865.16 万元，公司地产项目以商业地产和旅游地产为主。公司旗下水务板块 2009 年开始组建，并未产生收入，2010 年、2011 年分别实现收入 3861.12 万元和 8244.55 万元。

转型后，公司是云南省基础设施建设运营主体，并对省政府授权的城建投资

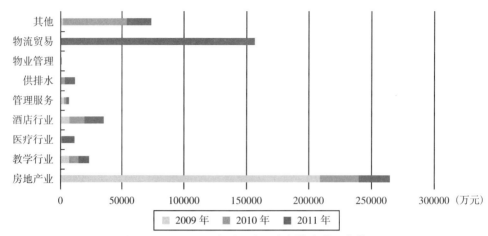

图 8-6　2009~2011 年公司各业务板块主营业务收入

资料来源：2009~2011 年公司内部报告。

项目行使出资人职能。公司主要业务分布在城市开发（土地一级开发、房地产开发）、建筑安装、公用事业（水务、教育、医疗和其他城市服务性项目）、物流贸易、旅游服务等行业。

2016 年，公司实现主营业务收入 195.08 亿元，同比增长 51.08%，其中公司城市开发业务板块收入持续增长，2016 年实现收入 93.63 亿元，同比大幅增长。公司旗下公用事业板块涉及水务、医疗、教育行业，2016 年共实现收入 38.30 亿元，同比大幅增长（见图 8-7、图 8-8）。

二、转型后地方政府的作用

（一）地方政府的地位逐渐增强

云南省城市建设投资集团有限公司成立于 2005 年 4 月 28 日，是云南省人民政府云政复〔2005〕26 号批准，由云南省开发投资有限公司（已更名为"云南省投资控股集团有限公司"）和云南建工集团总公司（已更名为"云南建工集团有限公司"）出资设立的有限责任公司。

2009 年，云南省人民政府云政复〔2009〕7 号文件《云南省人民政府同意调整云南省城市建设投资有限公司产权管理关系的批复》批准，将云南省投资控股集团有限公司对公司出资所形成的权益划出，调整为云南省人民政府对公司的出

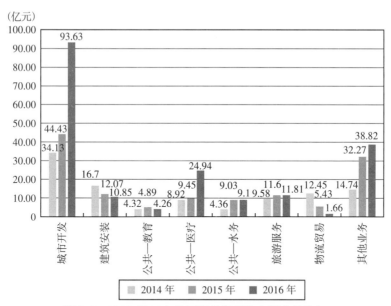

图 8-7　2014~2016 年公司各业务板块主营业务收入

资料来源：2014~2016 年公司内部报告。

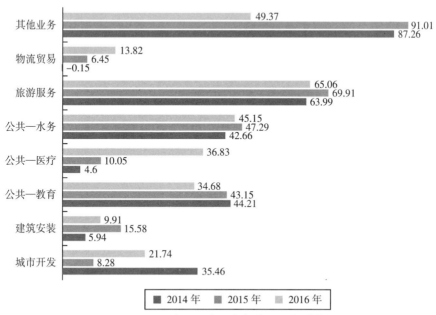

图 8-8　2014~2016 年公司各业务板块毛利率（单位：%）

资料来源：2014~2016 年公司内部报告。

资权益，由云南省国资委代为行使云南省人民政府对公司的出资权益，并履行出资人职责；调整后，公司注册资本 11.39 亿元，控股股东为云南省国资委，持股比例为 86.21%（见图 8-9）。

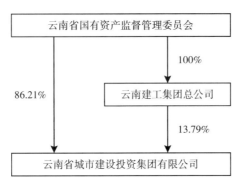

图 8-9 云南省城市建设投资集团有限公司股东控股情况

2013 年 7 月 11 日，公司将云南省国资委历年注入公司的 30.03 亿元政府补助（计入资本公积部分）转增实收资本并相应进行了工商变更，变更后公司注册资本为 41.42 亿元，云南省国资委对公司出资增至 96.21%。

2015 年 12 月，根据云南省国资委出具的《云南省国资委转发云南省人民政府关于划转部分国家出资企业股权充实云南圣乙投资公司国家资本金批复的通知》（云国资产权〔2015〕303 号），云南省国资委将其所持有的云南省城市建设投资集团有限公司 40% 的股权无偿划转至云南圣乙投资有限公司（现已更名为"云南省国有资本运营有限公司"），云南省国有资本运营有限公司同为直属云南省国资委的省属企业，此次企业股权结构变动并不产生实际控制人变更以及注册资本变更。

通过对公司历史沿革的分析可以看出，随着历次转型，云南省国资委对云南城投的控制逐渐增强，截至 2016 年末，公司的实际控制人为云南省国资委，地方政府的作用逐渐增强。

（二）地方政府保持稳定的支持力度

考虑到公司的特殊经营职能，公司在资金投入和土地出让收益返还等方面得到了地方政府的大力支持。2013~2015 年，公司获得财政注入资金合计约 6.71 亿元；获得财政补助资金合计约 4.63 亿元。2016 年，公司获得财政注入资金合计约 15.53 亿元，获得财政补助资金合计约 2.17 亿元（见图 8-10、图 8-11）。

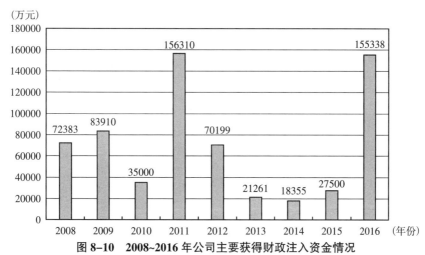

图 8-10　2008~2016 年公司主要获得财政注入资金情况

资料来源：2008~2016 年公司内部报告。

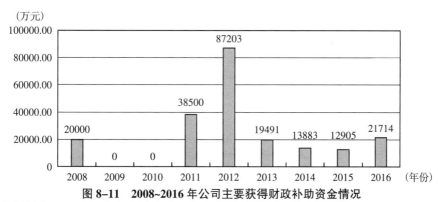

图 8-11　2008~2016 年公司主要获得财政补助资金情况

资料来源：2008~2016 年公司内部报告。

此外，公司也承接一些项目，如海埂会议中心绿化项目、部分污水处理项目、景宽公路项目、引水入城项目等，也受到中央、省、市级财政专项资金支持。

三、转型后城投资质变化分析

云南城投集团成立以来，实现了持续跨越式发展，2016 年 6 月总资产已达 1600 亿元，业务涵盖城市开发、城镇水务、文化旅游会展、医疗、生物医药、金融、教育、酒店等领域。公司通过资源整合、资本运作等方式力争达到"大并购、大金融"的发展目标，已成为云南省屈指可数的综合产业集团。

城市开发是公司现有的主要业务板块，公司对城市开发营运中的房屋开发与销售、一级土地开发和二级储备以及房屋配套建筑施工进行了系统开发和整合。目前，公司已成功开发昆明东骧神骏、森林湖、东川古铜旅游小镇、大理武庙会、大理河睒古道、融城金阶、融城优郡一期系列项目等地产项目。

（一）城中村改造项目

公司分别受昆明市官渡区、盘龙区及西山区等政府委托，负责相关片区的城中村改造工作。昆明市城中村改造项目的建设主体为公司子公司昆明市盘龙区城中村改造置业有限公司、昆明市官渡区城中村改造置业有限公司、云南城投龙瑞房地产开发有限公司、昆明云城尊龙房地产开发有限公司和昆明城海房地产开发有限公司。公司城中村改造项目分为项目一级开发和二级开发两部分，项目一级开发主要包括土地一级开发和安置房建设；项目二级开发为商业地产项目，体现在公司房地产板块。

（二）棚户区改造项目

根据云南省住房和城乡建设厅《关于昆明未来城开发有限公司 2015 年度棚户区改造指标的批复》，公司下属子公司昆明未来城开发有限公司（以下简称未来城公司）作为云南省省级棚户区改造主体之一，承接了昆明市 8 个城市规划片区的棚户区改造项目，共计改造 10105 户。项目运营模式主要为未来城公司与政府签订棚户区改造协议，进行许可片区内的征地、拆迁等土地一级开发整理；整理完成后政府将土地出让收益返还给公司（返还部分涵盖了一级开发成本及 8%~16%的项目收益）；中央和省级也将安排部分补助资金支持项目建设。

（三）土地整理开发

云南省土地储备运营有限公司成立于 2016 年 1 月 12 日，由云南省财政厅、公司及子公司城投置业共同出资组建，注册资金 10 亿元，定位为云南省级土地储备市场化运作载体，具有土地整理职能。截至 2017 年 3 月底，省土储公司累计完成投资达 25.99 亿元，相关整理土地尚未实现出让。

综上所述，转型后云南省城市建设投资集团有限公司的城投资质加强，更好地发挥了城市建设及投融资职能。

第九章

长春市城市发展投资控股（集团）有限公司转型发展案例分析

第一节
平台发展历史分析

一、平台介绍

（一）发展概况

长春市城市发展投资控股（集团）有限公司（以下简称长发集团）成立于2013年9月，是由长春市人民政府国有资产监督管理委员会（以下简称市国资委）出资组建的国有独资有限责任公司，注册资本50亿元，2017年7月中诚信国际信用评级有限责任公司对其的最新长期主体信用评级为AAA，且评级展望为稳定。长发集团的成立旨在通过合并长春市原有四家城投公司，即长春城市开发（集团）有限公司、长春润德投资集团有限公司、长春城投建设投资（集团）有限公司、长春城市管线建设投资（集团）有限公司，进而实现城投公司政府投融资体制的转型改革。下面将对其初期合并的四个主体的基本情况进行简要概述。

（1）长春城市开发（集团）有限公司设立于1999年9月27日，是由长发集团 100%控股的地方国有企业，注册资本为 690687.00 万元，法定代表人为邢东顺。2015 年 6 月 29 日大公国际对其的最新主体评级为 AA+，评级展望为稳定。其经营范围主要包括国有资产经营、城建资金管理、城市基础设施项目开发等。

（2）长春润德投资集团有限公司设立于 2009 年 5 月 19 日，是长春市重要的基础设施及投融资主体之一，同样是由长发集团 100%控股的地方国有企业，注册资本为 222400.00 万元，法定代表人为赵文杰。2017 年 7 月 21 日联合资信对其的最新主体评级为 AA+，评级展望为稳定。

（3）长春城投建设投资（集团）有限公司设立于 2011 年 12 月 29 日，法定代表人为曹文生，注册资本为 510000.00 万元，长发集团持股 50.98%，另外49.02%的股份由长春市城乡建设委员会持有。2017 年 7 月 19 日联合资信确定其主体长期信用等级为 AA+，评级展望为稳定，其经营范围主要包括城市基础设施建设、保障房建设等。

（4）长春城市管线建设投资（集团）有限公司成立于 2013 年 1 月 28 日，法定代表人为陆宇，注册资本为 5000 万元，是由长发集团 100%控股的有限责任公司，主要经营范围包括投资与资产管理、城市公用设施建设、地下空间开发等。

2013~2016 年末及 2017 年第一季度末，长发集团总资产分别为 2090.78 亿元、2261.18 亿元、1977.74 亿元和 2021.01 亿元，其中 2016 年的资产规模有所下降是因为当年长春城投不再纳入其合并报表的范围；2013~2016 年末及 2017 年第一季度末，公司总负债分别为 944.42 亿元、999.48 亿元、807.11 亿元和851.05 亿元，其中流动负债占比分别为 49.39%、38.24%、53.39%和50.60%，相应资产负债率分别为 45.17%、44.20%、40.81%和 42.11%，整体呈现平稳态势；2013~2016 年末及 2017 年第一季度末，公司总债务分别为 661.33 亿元、722.52亿元、526.14 亿元和 545.13 亿元，其中以长期债务为主，符合基础设施项目建设周期较长的特点。

（二）业务类型

长发集团是长春市国资委下属最大的国有独资企业，其在管网租赁、基础设施建设等方面在长春市具有举足轻重的地位。2014~2016 年末及 2017 年第一季度末，公司实现营业总收入分别为 56.47 亿元、34.49 亿元、19.91 亿元和 4.18 亿元。截至 2017 年 3 月，集团初期合并的四家主体所涉及的业务主要如下：

1. 管网租赁业务

2014~2016 年末，公司管网租金收入分别为 60 亿元、90 亿元和 80 亿元。截至 2015 年末，公司管网资产账面价值为 296.89 亿元，其中属于公司本部的管网资产账面价值为 189.76 亿元，长春城开与长春润德的管网资产账面价值分别为 31.54 亿元和 75.59 亿元。2013 年 3 月 27 日，长春润德与长春市人民政府签订了《长春市地下水排水管网资产使用权租赁协议》，协议中规定由长春市人民政府承租润德集团所拥有的长春市地下水排水管网资产的使用权，长春润德则需要负责管网资产的相关维修及养护工作；2013 年 3 月 28 日，长春城开与长春市人民政府签订《长春市地下水排水管网资产使用权租赁协议》，协议中规定由长春市人民政府承租城开集团所拥有的长春市地下水排水管网资产的使用权，在此期间，由长春市政府负责管网资产的相关维修及养护工作；2013 年 10 月，公司本部与长春市人民政府签订《长春市地下水排水管网资产使用权租赁协议》，协议中规定由长春市人民政府承租公司本部所拥有的长春市地下水排水管网资产的使用权，并由长春市政府负责管网资产的相关维修及养护工作。

2. 基础设施建设

2014~2016 年末及 2017 年第一季度末，公司基础设施建设业务收入分别为 6.65 亿元、5.08 亿元、2.25 亿元和 0.09 亿元，呈现逐年下降的趋势，主要受到长春市近年来项目有所减少的影响。此类业务主要由公司本部及其子公司长春城市开发（集团）有限公司、长春润德投资集团有限公司负责。公司首先与项目发起人签订代建协议，之后由公司向社会公开招标进而确定施工单位。在项目推进的过程中，公司负责项目建设中的相关管理工作，并向施工单位支付相应工程款。在工程竣工并经验收合格后，由长春市建委或其他发起人进行回购。截至 2017 年第一季度末，公司在建项目计划总投资 58.36 亿元，已实际投资 40.00 亿元。

3. 保障房项目

截至 2017 年第一季度末，长春润德主要在建公租房项目分别为长春市乙六路和双丰大街两个，计划总投资为 32.70 亿元，已累计完成投资 28.00 亿元；截至 2017 年第一季度末，公司棚户区改造项目主要为长春热电宾馆棚户区改造项目、首山路棚户区改造回迁房建设项目以及龙阳地块棚户区改造回迁房建设项目。其中，长春热电宾馆棚户区改造项目计划总投资 3.60 亿元，累计完成 2.87 亿元，已交付使用；首山路棚户区改造回迁房建设项目计划总投资 17.23 亿元，累计完成 1.60 亿元；龙阳地块棚户区改造回迁房建设项目计划总投资 2.20 亿元，已投资金额 0.96 亿元。总体来看，公司保障房项目以棚户区改造为主。

4. 产品销售业务

2014~2016 年末及 2017 年第一季度末，公司产品销售业务收入分别为 9.85 亿元、5.21 亿元、3.59 亿元和 0.41 亿元，其逐年下降主要是因为长春市市政项目减少导致相关产品的需求萎缩。该类业务主要由长春润德和长春城开负责，销售的产品类型主要为混凝土及其他建材等。截至 2017 年第一季度末，公司拥有 7 条搅拌生产线、60 辆搅拌运输车、9 台泵车，年生产能力可达 130 万立方米。对于混凝土的原材料，公司主要通过招标方式进行购买，在此过程中，会通过综合考量原材料质量标准及相关要求来确定中标单位。产品的客户主要集中在东北地区，这是混凝土本身的有效运输距离受限所致。与此同时，公司注重环境保护与生产安全管理职责，近三年无环保处罚记录，也无重大及以上安全事故发生。

（三）转型方向

在当地市委、市政府的决策指导下，长发集团重组后在其内部进行了"三步骤"的转型策略，且成效斐然，具体分析如下：

1. 实现市场化管理

通过多家城投公司的合并，新企业将同时拥有纯公益性资产与经营性资产，后者能够帮助新企业退出纯融资平台的范围。但是企业实质是否转变、关键要看过去地方政府"管人、管事、管资产"的企业管理模式是否发生改变。

长发集团成立之后，在合并的四家城投之外还引入一部分完全市场化的管理层，其中包括创业成功人士、上市公司负责人、香港及台湾金融专家等，并持续不断地招纳新型"职业经理人"。新的管理层对于当前国家的金融改革、供给侧改革以及国有企业改革等问题都有自己独特的视角，他们尝试在原城投与政府之间构建桥梁，这一点也得到了来自政府与集团体制内干部的理解和有力支持，一方面减少了个别政府部门对企业的直接行政干预，另一方面输入了市场化的管理思想和职业化的操作手段。通过实地调查发现，长发集团发展的真正原因就是体制内与体制外、政府与企业、企业与市场间形成合力。

2. 着手建立企业信用

企业信用与政府信用分离是城投转型的关键。在进行分离的过程中，政府不再为城投公司的债务埋单，企业信用必须要靠自身经营状况进行保证。2014年，集团总资产达到2091亿元，净资产1146亿元，总收入119亿元，净利润73亿元。凭借突出的企业资质和业绩，集团于2015年9月获得新世纪的AAA评级，10月中旬又分别获得惠誉、穆迪的BBB+、BAA1评级，这不仅是整个东北地区地方国有企业中的第一家，而且在全国范围的城投企业中也并不多见。

3. 实现投资的经营性转变

城投的市场化转型首先受到存量债务的困扰，其次是存量的政府性投资剥离需要相当长的过程。如何增加公共服务领域的经营性投资，以化解存量债务风险，并覆盖刚性的政府性投资成本，是城投转型后的长期问题。长发集团通过新设全资子公司包括长发投资集团、利程（上海自贸区）融资租赁、颂禾农业集团、长春证券（香港）公司等，不断增加经营性投资，扭转了城投公司大量承接政府项目不盈利的局面。2014年，集团投资资产中经营性投资10.27亿元、政府性投资20.29亿元，经营投资所占规模已经相当可观。

二、重组效果

从时点来看，长春市已经走在了市场以及政策的前列。长发集团是蜕变于2.0时代的城投公司，在其重组后，借助长春市地方国企的身份，除传统稳增长项目之外，准确地将企业的投资定位于公共服务的提供，包括养老、教育、医疗、金融、"三农"等。

以集团目前积极参与的长春市养老产业PPP项目为例，长发集团通过成立全资项目子公司并组建"幸福长春"基金共同成立SPV公司，撬动各方面社会资本共同参与，SPV公司负责项目的投资、运营，地方财政部门每年对SPV公司给予运营期的财政补贴，但需要在民政局的监管下符合绩效考核标准之后才能划入

SPV 公司，充分发挥了财政资金加杠杆、政府监督、私人资本投资并提供高效服务的 PPP 要义。目前，该项目已被财政部列入第二批全国示范项目。

长发集团的"三步骤"转型，巧妙地实现了理顺城投公司与地方政府的信用界限、化解老城投的历史债务以及提高地方政府的财政资金使用效率三大职能，找到了政府和市场间的平衡。

第一，集团已经建立起国内外评级机构认可的信用评级，既不能也不需要以政府信用为企业的投融资行为埋单，未来无论是集团本身还是旗下城投子公司的债务，都与政府信用隔离。

第二，最初合并的四家老城投公司依然负担相当一部分的政府或有债务，即时创造出偿债现金流显然不可能，短期内最优的解决方案还是以低息债务置换旧债，此时长发集团的企业信用会成为旗下老城投债务结构调整的最大优势。

第三，长发集团定位于政府公共服务的新型提供主体，通过"供给侧改革"，实现以消费升级带动产业升级，利用地方国有企业与政府直接对话的优势，用最低的协商成本实现 PPP 项目的合约制定、以双方合意的收益要求降低财政资金支出，同时凭借市场化的经营理念提高公共服务提供效率。

第四，规范承担公益性项目的投资、建设和运营。集团旗下的城开、润德集团继续承担当地棚改等公益性项目的建设，但杜绝以政府信用进行融资，一是项目的资金投入主要由财政资金包括地方政府债、国开行贷款承担；二是投资主体同时接受政府部门和集团的双重监管，保证项目建设全程符合预算管理以及企业盈利平衡的要求。

三、重点问题

股权的相互划拨是重组过程中的核心问题。根据 2013 年 8 月 15 日长府批复〔2013〕27 号文，以及 2014 年 6 月 6 日长府批复〔2014〕26 号文，将长春城市开发（集团）有限公司 51.68% 的股权、长春润德投资集团有限公司 100% 的股权、长春城投建设投资（集团）有限公司 49.02% 的股权和长春城市管线建设投资（集团）有限公司 100% 的股权，通过无偿股权划转的方式变更为公司的全资或控股子公司。之后，根据长府批复〔2014〕26 后文，将长春水务（集团）有限公司全部国有股权无偿划转给公司。自此，公司成为长春市规模最大的地方国有企业集团，其实际控制人为长春市国资委。

在供给侧改革与"三去一降一补"政策的大背景下，中下游行业的重组将是改革进程中的重要举措之一。通过体制机制改革，政府旨在借助调整产业结构，进而提高企业对抗风险的能力。同时，面对平台公司表现出的规模偏小、资源分散、资质偏差的局面，通过彻底梳理区域内的平台公司，按照其专业分工和公司自身优势进行股权整合，进而大幅提高公司的运营效率与效果。

第二节
平台地位分析

一、区域重要性

在公司成立之前，长春市的市级平台主要有润德集团、城开集团与长城投三家，其共同参与长春市的基础设施建设以及投融资等业务；在公司成立之后，随着润德集团、城开集团与长城投等股权相继由长春市国资委无偿划转至公司，公司在长春市基础设施建设及公共服务等方面具有较强的垄断地位。由于罕有外来竞争，因此公司所处市场相对稳定，使其盈利能力的持续性较强，其所经营的资产也会相应带来较为理想的经济与社会效益。

同时，随着长春市经济的不断发展，公司的业务也将继续保持稳步发展。由于公司长期从事城市基础设施投资建设与运营，期间积累了丰富的经验，因此其业务优势较为明显。在此过程中，公司还相应培养出一大批高素质的人才，形成了一套投资成本低、项目质量高、工程周期短的高效管理程序。在此情形下，公司在管理、运营项目较多的情况下依然能够较好地控制项目的工期、质量以及成本，其本身拥有较强的项目建设能力。

二、政府支持力度

公司在资产注入、项目收益与政府补贴等方面均受到了长春市政府及长春市财政局的大力支持。在资产注入方面，长春市政府先后将长春城开、长春润德、长春城投、长春管线以及长春水务等公司无偿划转至公司，进而极大地扩充了公司的资本，支持公司未来的业务拓展与规划；在项目收益方面，公司就管网租赁、基础设施建设、保障房项目、水务及产品销售等多项业务与政府签订合约，政府通过对代建项目回购等方式对其进行支持；在政府补贴方面，2014~2016年，公司获得政府补助分别为 62.24 亿元、92.35 亿元和 84.74 亿元，其成为公司盈利的有效补充，同时政府还通过税费返还等方式促进公司的发展。

第三节

相关转型政策

2013 年 7 月 3 日，吉林省人民政府办公厅发布《关于转发省发展改革委 2013 年吉林省深化经济体制改革指导意见的通知》（吉政办发〔2013〕26 号），其中在重点任务中提出要加快推进以转变经济发展方式和调整优化经济结构为主线的经济领域体制改革，而相对应的举措之一即为继续深化国有企业改革。具体来说，需要加快推进省属国有独资集团公司与金融投资类企业进行股权多元化改革。

2015 年 11 月 13 日，吉林省人民政府办公厅发布《吉林省人民政府关于国有企业发展混合所有制经济的指导意见》（吉政发〔2015〕48 号），提出通过提高国有资本配置与运营效率，优化国有经济布局，提高其抗风险的能力。具体来说，首先应分类推进国有企业混合所有制改革，其中对于公益类国有企业应引导其规范改革进程，通过引入市场机制，提高公共服务的质量与效率。其次，根据不同业务的特点，对其进行分类指导，并可以采取国有独资的形式。最后，应分层推进国有企业混合所有制改革，对于集团公司层面的改革推进进行探索。在特定领域，坚持国有资本控股，形成较为合理的治理与市场化机制；对于其他领域，可鼓励并购重组等方式，进一步调整国有股权的比重，形成更为灵活高效的经营机制。

2016 年 3 月 15 日，吉林省人民政府办公厅发布《吉林省人民政府关于改革和完善国有资产管理体制的实施意见》（吉政发〔2016〕7 号），其中要求应准确把握国有资产监管机构的职责定位，明确国有资产的监管重点，改善对于企业的管理方式与方法，遵循市场机制，并将转型升级、创新驱动等纳入考核指标体系。与此同时，改善国有资本授权经营体制，改组组建国有资本投资运营公司，可采用划转、重组等多种方式，进而探索更为有效的管理及运营模式。

第四节

吉林城投转型与政府债务管理的关系

一、吉林省政府债务分析

2012 年底，全省各级政府负有偿还责任的债务为 2573.50 亿元，负有担保责任的债务为 916.28 亿元，可能承担一定救助责任的债务为 540.04 亿元。截至 2013 年 6 月底，全省各级政府负有偿还责任的债务为 2580.93 亿元，负有担保责任的债务为 972.95 亿元，可能承担一定救助责任的债务为 694.48 亿元。其中，省本级分别为 604.52 亿元、699.88 亿元和 152.04 亿元，9 个市本级分别为 1412.21 亿元、230.51 亿元、523.55 亿元，60 个县本级分别为 540.27 亿元、42.08 亿元、18.89 亿元，618 个乡镇分别为 23.93 亿元、0.48 亿元、没有可能承担一定救助责任的债务（见表 9-1）。

表 9-1　2013 年 6 月底吉林省政府性债务规模情况

单位：亿元

地区		政府负有偿还责任的债务（政府债务，下同）	政府或有债务	
			政府负有担保责任的债务	政府可能承担一定救助责任的债务
全省合计	合计	2580.93	972.95	694.48
	省本级	604.52	699.88	152.04
	市本级	1412.21	230.51	523.55
	县本级	540.27	42.08	18.89
	乡镇	23.93	0.48	0
长春市	合计	1155.16	110.85	396.35
	市本级	1018.60	105.30	391.68
	县本级	132.58	5.34	4.67
	乡镇	3.98	0.21	0
吉林市	合计	244.41	40.59	98.35
	市本级	155.80	35.95	94.94
	县本级	85.90	4.64	3.41
	乡镇	2.71	0	0
四平市	合计	89.42	5.06	4.99
	市本级	54.92	3.44	3.49
	县本级	30.96	1.59	1.50
	乡镇	3.54	0.03	0
通化市	合计	104.61	24.10	2.34
	市本级	40.77	18.89	1.38
	县本级	58.56	4.99	0.96
	乡镇	5.28	0.22	0
白城市	合计	45.25	6.01	3.38
	市本级	24.67	2.75	1.80
	县本级	18.94	3.26	1.58
	乡镇	1.64	0	0
辽源市	合计	80.01	34.42	1.96
	市本级	55.00	25.53	0.72
	县本级	23.61	8.89	1.24
	乡镇	1.40	0	0

续表

地区		政府负有偿还责任的债务（政府债务，下同）	政府或有债务	
			政府负有担保责任的债务	政府可能承担一定救助责任的债务
松原市	合计	33.80	31.62	30.27
	市本级	14.45	31.07	28.40
	县本级	17.90	0.55	1.87
	乡镇	1.45	0	0
延边州	合计	119.63	12.43	3.65
	市本级	4.81	1.97	0.46
	县本级	112.65	10.46	3.19
	乡镇	2.17	0	0
白山市	合计	104.12	7.99	1.15
	市本级	43.19	5.61	0.68
	县本级	59.17	2.36	0.47
	乡镇	1.76	0.02	0

资料来源：吉林省政府性债务审计结果。

从举借主体看，政府部门和机构、融资平台公司、经费补助事业单位是政府负有偿还责任债务的主要举借主体，分别举借 1373.69 亿元、478.21 亿元、310.40 亿元（见表9-2）。

表9-2　2013年6月底地方政府性债务余额举借主体情况

单位：亿元

举债主体类别	政府负有偿还责任的债务	政府或有债务	
		政府负有担保责任的债务	政府可能承担一定救助责任的债务
政府部门和机构	1373.69	738.28	0
融资平台公司	478.21	128.39	535.92
经费补助事业单位	310.40	11.25	54.48
国有独资或控股企业	96.82	19.45	74.24
自收自支事业单位	34.44	13.93	1.49
公用事业单位	13.79	11.00	28.35

续表

举债主体类别	政府负有偿还责任的债务	政府或有债务	
		政府负有担保责任的债务	政府可能承担一定救助责任的债务
其他单位	273.58	50.65	0
合计	2580.93	972.95	694.48

资料来源：吉林省政府性债务审计结果。

从债务资金来源看，银行贷款、发行债券、信托融资是政府负有偿还责任债务的主要来源，分别为 1387.06 亿元、269.97 亿元和 263.20 亿元（见表 9-3）。

表 9-3　2013 年 6 月底地方政府性债务资金来源情况

单位：亿元

债权人类别	政府负有偿还责任的债务	政府或有债务	
		政府负有担保责任的债务	政府可能承担一定救助责任的债务
银行贷款	1387.06	861.25	373.77
发行债券	269.97	41.03	85.70
其中：地方政府债券	201.87	5.13	0
企业债券	68.10	35.90	56.00
短期融资券	0	0	0
中期票据	0	0	29.70
信托融资	263.20	19.54	102.97
BT	219.20	0.00	37.92
应付未付款项	201.96	1.76	10.95
国债、外债等财政转贷	71.47	43.29	0
证券、保险业和其他金融机构融资	53.25	0.28	11.34
垫资施工、延期付款	39.78	0.18	0.56
融资租赁	2.76	3.85	54.40
集资	0.81	0	1.85
其他单位和个人借款	71.47	1.77	15.02
合计	2580.93	972.95	694.48

资料来源：吉林省政府性债务审计结果。

从债务资金投向看，主要用于基础设施建设和公益性项目，不仅较好地保障了地方经济社会发展的资金需要，推动了民生改善和社会事业发展，而且形成了大量优质资产，大多有经营收入作为偿债来源。在已支出的政府负有偿还责任的债务 2493.94 亿元中，用于市政建设、土地收储、交通运输、保障性住房、教科文卫、生态建设等基础性、农林水利公益性项目的支出为 2205.53 亿元，占88.44%（见表 9-4）。

表 9-4　2013 年 6 月底地方政府性债务余额支出投向情况

单位：亿元

债务支出投向类别	政府负有偿还责任的债务	政府或有债务	
		政府负有担保责任的债务	政府可能承担一定救助责任的债务
市政建设	833.01	87.35	403.15
土地收储	545.43	1.29	0
交通运输设施建设	475.53	696.78	115.87
保障性住房	176.61	17.44	29.41
科教文卫	74.66	18.66	53.00
生态建设和环境保护	50.15	9.16	0.19
农林水利建设	50.14	17.19	4.34
工业和能源	33.60	43.36	0
其他	254.81	74.08	30.62
合计	2493.94	965.31	636.58

资料来源：吉林省政府性债务审计结果。

从未来偿债年度看，2013 年 7 月至 12 月、2014 年到期需偿还的政府负有偿还责任的债务分别占 28.20% 和 25.22%，2015 年、2016 年和 2017 年到期需偿还的分别占 16.67%、8.95% 和 5.70%，2018 年及以后到期需偿还的占 15.26%（见表 9-5）。

表 9-5　2013 年 6 月底地方政府性债务余额未来偿债情况

单位：亿元，%

| 偿债年度 | 政府负有偿还责任的债务 | | 政府或有债务 | |
	金额	比重	政府负有担保责任的债务	政府可能承担一定救助责任的债务
2013 年 7 月至 12 月	728.00	28.20	57.16	79.04
2014 年	651.02	25.22	76.62	130.03
2015 年	430.15	16.67	76.45	59.50
2016 年	230.88	8.95	69.94	67.74
2017 年	147.09	5.70	51.29	42.02
2018 年及以后	393.79	15.26	641.49	316.15
合计	2580.93	100.00	972.95	694.48

资料来源：吉林省政府性债务审计结果。

二、吉林省地方政府债务率

截至 2016 年末，吉林省各市债务情况统计如表 9-6 所示。

表 9-6　2016 年吉林省各市债务情况

单位：亿元，%

城市	债务余额	余额排名	债务率	债务率排名	负债率	负债率排名
长春	985.0	1	101.8	1	18.3	1
四平	85.7	3	96.8	2	4.0	6
吉林	131.9	2	87.4	3	15.8	3
辽源	103.1	4	79.5	4	13.4	4
通化	168.0	5	65.1	5	7.1	5
延边	167.7	7	41.8	6	—	—
松原	69.0	6	36.5	7	16.8	2
全省	2895.3		72.7		19.5	

注：白城市和白山市未披露债务数据。
资料来源：各市财政局及市本级城投评级报告。

债务余额为政府债务余额，即政府负有偿还责任的债务余额。债务率=债务余额/综合财力，该指标为衡量地区债务风险的核心指标。综合财力为财政收入、转移性收入、政府性基金收入及国有资本预算收入之和。此处设定债务率100%为安全警戒线。超过100%存在债务风险；70%~100%为预警区间，还有一定的举债空间；70%以下债务风险较低。负债率=债务余额/GDP，一般以60%为警戒线。

由数据可知，吉林省各市债务率普遍偏高，其中长春市债务率达到了101.8%，超过了安全警戒线，有较高的债务风险。四平、吉林、辽源均处于预警区间，尚有一定的举债空间，延边和松原债务率较低，债务风险较小。

由数据可知（见表9-7），长春综合财力最高，将近千亿元，远超其他地市。长春政府性基金收入占综合财力的比重最高，但仅为20.3%。政府性基金收入中八成为土地出让收入，受土地出让行情影响较大。换言之，吉林省各地市政府债务的偿还受土地市场影响较大。除长春外，其余地市上级转移性收入占综合财力的比重都超过50%。白城、白山、辽源、松原四地市该比值超过70%，说明吉林省各地市综合财力对上级转移支付依赖程度较高。相应地，吉林省各地市自身财政收入占综合财力的比重较小，最高者为长春，但仅有42.9%。

表 9-7　2016 年吉林省各市综合财力情况

单位：亿元，%

城市	综合财力	基金占比	转移收入占比	财政收入占比
长春	967.4	20.3	36.7	42.9
延边	323.1	3.7	68.0	28.3
通化	250.4	5.6	61.4	33.1
白城	204.3	3.4	75.9	20.7
松原	189.0	3.2	70.2	26.6
白山	186.4	4.1	70.7	25.2
吉林	151.0	7.2	56.6	36.0
辽源	115.6	4.4	74.6	20.9
四平	83.4	11.5	56.1	32.5

注：松原为2015年数据。因为部分地市国资收入缺失，但考虑到规模很小，所以缺失地市默认为0。综合财力为财政收入、转移性收入、政府性基金收入及国有资本预算收入之和。

资料来源：预算报告。

三、长春城开转型与地方债务的关系

公司成立于 2013 年 9 月 27 日，为长春市人民政府国有资产监督管理委员会（以下简称市国资委）出资组建的国有独资有限责任公司，注册资本 50 亿元。

根据相关政府文件，在公司成立时，长春市国资委将长春城市开发（集团）有限公司 51.68% 的股权、长春润德投资集团有限公司 100% 的股权、长春城投建设投资（集团）有限公司 49.02% 的股权和长春城市管线建设投资（集团）有限公司 100% 的股权，通过无偿股权划转的方式变更为公司的全资或控股子公司。公司在整合城市资源和国有资产的基础上，通过一系列资本运作，已成为长春市规模最大的地方国有企业集团。公司受市政府委托开展城市建设、资本运营和金融服务等经营业务。截至 2016 年 9 月末，公司注册资本为 50 亿元，实收资本为 50 亿元，由市国资委全资控股。

截至 2013 年 6 月 30 日，公司经确认的政府性债务共计 295.20 亿元，其中地方政府负有偿还责任的债务为 60 亿元，地方政府负有担保责任的债务为 42.34 亿元，地方政府可能承担一定救助责任的债务为 192.86 亿元。此后，长春城开举借债务均符合国发〔2014〕43 号等相关政策文件的要求，虽然多次通过发行中期票据筹措资金，但是并没有因此增加政府债务规模。

长春城开在合法合规性、生产经营、公司治理、偿债依赖政府等方面，均遵守国发〔2010〕19 号文、国发〔2014〕43 号文、国办发〔2015〕40 号文、国办发〔2015〕42 号文、财综〔2016〕4 号文和"六真"原则要求。目前，长春城开虽然属于国家审计署 2013 年全国政府性债务审计涉及的 7170 家融资平台公司名单范围内，但是并未被列入银监会融资平台名单。

作为长春市重要的城市基础设施建设投融资主体之一，长春城开承担了大量城市基础设施建设任务，在多年的经营发展下，公司已经充分参与到了市场化经营中，主营业务已经形成了明显的产业化结构，在充分发挥自身资源、技术优势的基础上已形成了多元化发展的经营模式，其五大主营业务板块为地下管网租赁、工程建设、水费及污水处理、产品销售及其他业务。在加大产业化经营的前提下，公司积极地参与到市场经营活动中，主营业务收入保持稳中有增的态势。

公司的经营活动产生的现金流有望稳步增长，为偿还债务提供了稳定的现金流支持。其自身经营性现金流对自身未来债务偿付的覆盖率较好，并且形成了广泛的融资渠道，具有多元化的资金偿还来源。

综上所述，我们可以发现长春城开的成立是一次成功的企业重组，其市场化经营与重组带来的企业协同效应有效减缓了地方政府债务的积累，值得我国其他地方政府投融资平台借鉴。

第五节
转型前后对比分析

一、项目、资产差异分析

长发集团成立于 2013 年 9 月，成立之初包含长春城市开发（集团）有限公司、长春润德投资集团有限公司、长春城投建设投资（集团）有限公司和长春城市管线建设投资（集团）有限公司四家子公司。通过整合一系列城市资源和国有资产，公司已成为长春市最大的地方国有企业。截至 2017 年 3 月末，公司注册资本 50 亿元，实收资本 50 亿元，合并范围内包含 14 家子公司，资产规模已达 2021 亿元，相对于公司成立之时的 1742.68 亿元显著增长。

作为长春市国资委下属的最大的国有独资企业，公司在城市建设及公用事业等方面发挥了极其重要的作用。目前，公司经营范围涉及基础设施建设、保障房建设、自来水供应及污水处理、混凝土及其他建材销售、小贷业务及其他等领域。

2014~2016 年，公司分别实现了营业总收入 56.47 亿元、34.49 亿元、20.39 亿元。其中营业总收入的变化是因为公司有大量地下排水网租金收入被计入政府补贴中。2014~2016 年，公司分别实现管网租赁收入 30 亿元、60 亿元、60 亿元，其中 2014~2016 年公司子公司长春城开和长春润德共实现管网租赁收入 20

亿元。2016 年公司的营业总收入中，水费及污水处理收入占 11.99 亿元，管网租赁收入占 0.41 亿元，产品销售收入占 3.59 亿元，工程代建收入占 2.25 亿元，其他业务收入占 2.26 亿元，在营业收入中占比分别为 58.49%、2.00%、17.51%、10.98% 和 11.02%。可以发现，如今公司取得的市场化收入占比较大，经营性资产较多，企业自身的经营已经可以为企业带来稳定的现金流入，对于企业自身无政府担保的债务有较好的覆盖能力。

长发集团通过新设全资子公司包括长发投资集团、利程（上海自贸区）融资租赁、颂禾农业集团、长春证券（香港）公司等，不断增加经营性投资，扭转了城投公司大量承接政府项目不盈利的局面。2014 年末，集团总资产达到 2091 亿元，净资产 1146 亿元，总收入 119 亿元，净利润 73 亿元，集团投资资产中经营性投资 10.27 亿元、政府性投资 20.29 亿元。在转型过程中，集团旗下的城开、润德集团继续承担当地棚改等公益性项目的建设，但杜绝以政府信用进行融资，一是项目的资金投入主要由财政资金包括地方政府债、国开行贷款承担；二是投资主体同时接受政府部门和集团的双重监管，保证项目建设全程符合预算管理以及企业盈利平衡的要求。

二、转型后长发集团与政府之间的关系

长发集团的成功，首先在于真正实现了市场化管理。长发集团在成立时合并了多家城投公司，并因此同时拥有了纯公益性资产与经营性资产，而企业的经营性资产能够帮助企业退出纯融资平台的范围。但企业作为重要的地方政府融资平台，是否在实质上转型关键要看过去地方政府"管人、管事、管资产"的企业管理模式是否发生改变，因此转型成功的决定因素在于厘清企业与政府之间的关系。

长发集团目前正在与省级财政部门共同探讨，根据国家对地方政府性债务以省级为单位进行管理的思维，以省级 PPP 产业基金和资本市场为切入点，实现跨地域的投融资平台整合。或许在国家层面财税体制改革推动艰难的时期，通过类似长发集团这样投融资体制改革走在前面并初见成效的企业进行跨地域的产业重组、债务重组，正是城投 4.0 版本的开端。此外，在国内外舆论普遍质疑东北经

济失速并找不到办法的时间点上，借助城投公司转型，或许正是解决东北问题的方法之一。

案例总结：长发集团是东北地区城投最为典型的案例，通过逐步市场化管理、股权划拨等方式达到国企改革的目的。总体来看，长发集团转型前后均得到当地政府的大力支持，这也是转型的基础。

第十章

贵州省某省级开发区债务管理与债务风险化解案例分析

第一节

贵州省区域经济实力及债务分析

一、贵州省区域经济概况

贵州省,简称"黔"或"贵",地处西南腹地,与重庆、四川、云南、广西接壤,是西南交通枢纽。是国家生态文明试验区、内陆开放型经济试验区,辖贵阳市、遵义市、六盘水市、安顺市、铜仁市、毕节市、黔西南布依族苗族自治州、黔东南苗族侗族自治州、黔南布依族苗族自治州。

近年来,贵州省经济保持快速增长态势,后发优势明显。2014~2016 年贵州省地区生产总值分别为 9266.39 亿元、10502.56 亿元和 11734.43 亿元,同比增幅分别为 10.8%、10.7%和 10.5%,虽然增速有所放缓,但仍显著高于全国水平,近三年增速持续位列全国第二位。2010~2016 年贵州省生产总值变化情况如图10-1 所示。

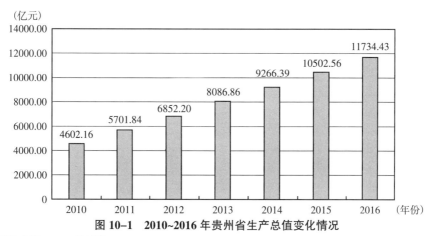

图 10-1　2010~2016 年贵州省生产总值变化情况

资料来源：Wind 数据库。

2016 年，贵州全省地区生产总值继续保持高速增长。按产业分，第一产业增加值为 1846.54 亿元，增长 6.0%；第二产业增加值为 4636.74 亿元，增长 11.1%；第三产业增加值为 5251.15 亿元，增长 11.5%。第一产业、第二产业、第三产业增加值占地区生产总值的比重分别为 15.8%、39.5% 和 44.7%。人均地区生产总值为 33127 元，比 2015 年增加 3280 元。

贵州省一般公共预算收入以税收收入为主，近三年税收比率①维持在较高水平，2014~2016 年税收比率分别为 75.12%、74.90% 和 71.76%。从收入规模看，近三年全省税收收入存在一定的波动，非税收入保持增长。具体来看，2016 年，贵州全省财政总收入实现 2409.35 亿元，比 2015 年同口径增加 100.99 亿元，增长 4.4%。全省一般公共预算收入 1561.33 亿元，为预算的 100.1%，增加 117.62 亿元，增长 8.1%。其中，税收收入 1120.43 亿元，增加 68.18 亿元，增长 6.5%；非税收入 440.9 亿元，增加 49.44 亿元，增长 12.6%。加上中央各项转移支付 2581.65 亿元（含 2016 年营改增税收返还 71.9 亿元）、地方政府一般债务收入 1604.63 亿元、调入预算稳定调节基金 276.31 亿元、调入资金 152.37 亿元，收入合计 6176.29 亿元。

2016 年，贵州全省一般公共预算支出为 4261.68 亿元，增加 311.04 亿元，

---

① 税收比率 = 税收收入/一般公共预算收入 × 100%。

增长 7.9%。加上上交中央支出 6 亿元、补充预算稳定调节基金 347.38 亿元、调出资金 1.31 亿元、地方政府一般债务支出 1547.91 亿元，支出合计 6164.28 亿元。其历年来一般公共预算收入与支出情况如图 10-2 所示。

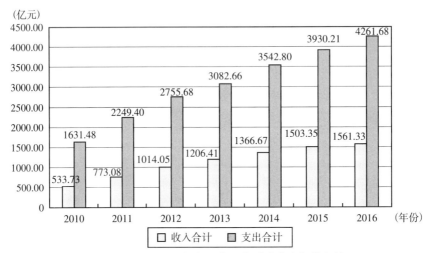

图 10-2　2010~2016 年贵州省公共财政支出与收入状况

资料来源：Wind 数据库。

总体来看，目前贵州全省经济运行保持稳中有进、稳中有新、稳中有效的良好态势，虽说部分传统产业技术水平不高、生产方式粗放、核心竞争力不强、新兴产业对经济增长贡献还比较小、新旧动能转换还有一个过程，但可以预计，随着供给侧结构性改革的深入实施，经济发展的新动能将不断聚集、积极因素不断增加，贵州省全经济仍将继续保持平稳增长的势头。

二、贵州省债券市场概况

截至 2016 年底，全国共发行各类信用债券 58406 期，规模共计 640096.62 亿元。其中，贵州省共发行 746 期，发行规模达到 5542.27 亿元，占全国债发行总规模的 0.98%，位居全国第 24 名。如图 10-3 所示为部分省（自治区、直辖市）历年来发债总规模。

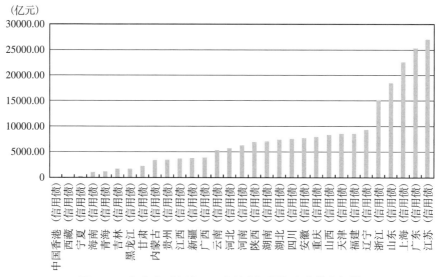

图 10-3 部分省（自治区、直辖市）历年来发债总规模

资料来源：Wind 数据库。

基于目前的债券市场，从债券品种来看，贵州省的企业债、公司债和银行间债务融资工具分布比其他省份均匀，银行间债务融资工具占有绝对优势，且公司债和企业债的合计总量最大，规模的合计占比为 60%。具体地，公司债发行 115 期，规模 1016.85 亿元，占比分别为 29.41% 和 28%；企业债发行 91 期，规模 1144.4 亿元，占比分别为 23.27% 和 32%。如图 10-4 所示为贵州省历年发债种类情况。

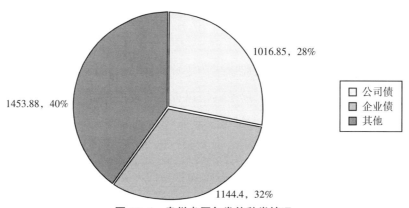

图 10-4 贵州省历年发债种类情况

资料来源：Wind 数据库。

　　从增速的角度来看，在贵州债券市场快速发展的 2013~2016 年间，债券发行规模与期数基本上呈现直线上涨的趋势。如图 10-5 所示，2013 年，贵州省共发行债券规模总金额达 208.10 亿元，发行了 24 只债券，但到 2016 年，贵州省全年发行债券规模总计达到 1451.79 亿元，共发行了 151 只债券，相比于 2013 年分别增长了 597.64% 和 529.17%。

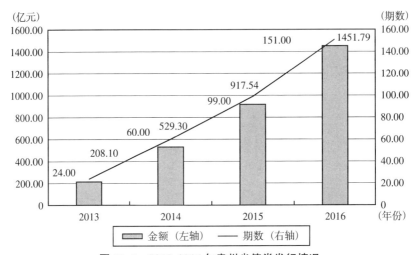

图 10-5　2013~2016 年贵州省债券发行情况

资料来源：Wind 数据库。

三、贵州省整体债务情况

　　根据 2014 年 1 月公告的《贵州省政府性债务审计结果》，截至 2012 年末，贵州省政府负有偿还责任债务的债务率为 83.62%。若考虑 2007 年以来，各年度全省政府负有担保责任的债务和可能承担一定救助责任的债务在当年偿还本金中用财政资金实际偿还的情况，将政府负有担保责任的债务和可能承担一定救助责任的债务按一定比率折算之后，贵州省总债务率为 92.01%，虽然总债务率位列当年全国各省第三位，但仍处于可控范围之内。

　　截至 2012 年末，贵州省政府负有偿还责任债务除去应付未付款项形成的逾期债务后，贵州省逾期债务率为 2.28%，略高于当期末各省 2.07% 的平均水平；政府负有的担保责任的债务逾期率为 2.03%，低于各省 2.13% 的平均水平；可能承担一定救助责任的债务逾期率为 3.11%，低于各省 4.09%的平均水平。

从未来偿债年度看，2013 年 6 月末贵州省政府债务余额中 2017 年和 2018 年及以后到期需偿还的政府负有偿还责任的债务比重分别是 6.75%和 14.24%。

此外，为缓解沉重的债务负担，贵州省充分地利用了国家政府置换债券政策。2015 年和 2016 年，贵州省分别发行了政府置换债券 2264 亿元和 2434.73 亿元，通过发行债券置换存量债务，有效缓解了集中偿付的压力，腾出更多财政资金用于项目建设，支持全省社会经济的发展。但鉴于贵州地区建设开发项目较多，政府融资需求庞大，贵州省政府债依旧持续增长，截至 2016 年末，贵州省债务率已经位列全国第一，为 158.15%。如图 10-6 所示为部分省（自治区、直辖市）地方政府债务率比较。

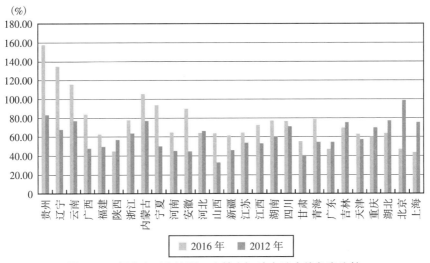

图 10-6　部分省（自治区、直辖市）地方政府债务率比较

资料来源：Wind 数据库。

第二节

贵州经济开发区状况分析

一、贵州经济开发区发展现状

根据贵州省开发区管理办公室的公开文件，贵州省各类经济开发区共有 60 余个，其中国家级新区一个（贵州贵安新区）、国家级高新技术开发区一个（贵阳国家高新技术产业开发区）、国家级经济技术开发区两个（遵义经济技术开发区和贵阳经济技术开发区）、省级开发区若干个。这些开发区分布于贵阳、遵义、六盘水市、安顺市、毕节市、铜仁市、黔东南州、黔南州以及黔西南州等地。其中，对于区域所属为国家级的开发区，介绍如下：

贵安新区，是国家级新区，位于贵州省贵阳市和安顺市结合部，区域范围涉及贵阳、安顺两市所辖四县（市、区）20 个乡镇，规划控制面积 1795 平方千米。贵安新区是黔中经济区核心地带，区位优势明显，地势相对平坦，人文生态环境良好，发展潜力巨大，具备加快发展的条件和实力，将被建设成为经济繁荣、社会文明、环境优美的西部地区重要的经济增长极、内陆开放型经济新高地和生态文明示范区。贵安新区是南方数据中心核心区、全国大数据产业集聚区、全国大数据应用与创新示范区、大数据与服务贸易融合发展示范区、大数据双创示范基地、大数据人才教育培训基地。2015 年，贵州贵安新区被列为第二批国家新型城镇化综合试点地区。2016 年 5 月，贵州贵安新区成为国务院首批双创"区域示范基地"。

贵阳国家高新技术产业开发区（以下简称贵阳国家高新区）于 1992 年经国务院批准设立，是贵州省唯一的国家级高新区，目前已形成"一区七园"的发展布局，全区规划面积 71.41 平方千米。其中，金阳科技产业园 1.66 平方千米，新天高新技术工业园 1.31 平方千米，沙文生态科技产业园 17.37 平方千米，青山环保生态园区 21.52 平方千米，罗格生态科技园区 10.12 平方千米，综合保税区 10.83 平方千米，铝及铝加工园区 8.6 平方千米。贵阳国家高新区努力构筑"精神高地"，奋力冲出"经济洼地"，坚持加快发展、转型发展、融合发展、创新发展、团结发展，初步形成了新能源新材料、高端装备制造、生物医药、软件与信息服务业、光电产业等主导产业，先后被认定为国家（贵阳）片式元件产业园、国家数字内容产业园、国家电子元器件高新技术产业化基地、国家新型工业化产业示范基地、国家火炬计划软件产业基地、国家现代服务业（数字内容）产业化基地、国家科技兴贸创新基地（高端装备制造），聚集了国家复合改性聚合物材料工程技术研究中心、国家精密微特电机工程技术研究中心、贵州片式元件工程技术研究中心、贵州先进锻压工程技术研究中心、贵阳国际生物材料研发与产业化公共实验室、国家质检总局四个国检中心等一批研发机构和创新平台，拥有工程中心和企业技术中心 68 家（国家级中心 6 家、省级中心 41 家），已建成 8 个院士工作站，聚集了 11 名院士，4 名"千人计划"专家，高新技术从业人员三万余名。

贵阳经济技术开发区是贵阳市传统的老工业基地，以航空、航天两大军工基地为依托，聚集了一批优强企业，产品覆盖航空航天军工产品、汽车及汽车零部件、工程机械、数控机床、工业基础件、平板电视、生物医药、特色食品、新型材料等领域，近年又陆续引进了中煤集团、中国普天、奇瑞控股、中联重科、枫叶集团、险峰机床等一批央企和国内知名企业入驻，产业集群效应初步显现。目前，经开区登记注册的工业企业总数达到 700 多家，其中，规模以上工业企业达到近 150 家。同时，经开区还先后获得了"国家军民结合（装备制造）高新技术产业化基地""国家新型工业化产业示范基地""国家电子商务示范基地""国家循环化改造示范试点园区""全国工程特种车辆及零配件产业知名品牌示范区""全国低碳工业园区"等国家级荣誉称号，被纳入了全国老工业基地调整改造规划范围，是贵州省重要的装备制造业基地和新兴工业化最具代表性的区域。

遵义经济技术开发区位于遵义市中心城区北部（汇川区境内），成立于 1992 年 7 月，是贵州省首批三个省级经济技术开发区之一，2010 年 6 月 26 日经国务院批复同意升级为国家级经济技术开发区，与汇川区实行"两块牌子、一套人员"的运行机制，是贵州省"1+7"开放创新平台和省列经济强县（区），是遵义市政治、经济、文化中心，开发区规划面积 48.93 平方千米。为加快打造能够支撑百亿级产业集群、千亿级工业园区的硬件基础，遵义经济技术开发区已形成了"555"发展格局，即坚持"创新、协调、绿色、开放、共享"五大发展理念引领，建设高坪工业园区、航天高新技术产业园区、外高桥工业园区、上海漕河泾开发区遵义产业园区、田沟产业园区五大工业园区，培育高新技术、高端装备制造、智能终端·大数据电子信息、现代服务和文旅创意五大主导产业。开发区先后获得了"国家新型工业化产业示范基地""国家循环化改造示范试点园区""国家低碳工业园区""国家火炬计划遵义航天军转民（装备制造）产业基地""全国科技进步先进区"等九个国家级称号。截至目前，五大工业园区入驻企业近百家，规划到 2020 年，五大工业园区全面建设投产后，预计可完成工业总产值 1800 亿元以上，可新增就业岗位五万个以上。

二、经济开发区政府投融资平台公司发债情况

对处于存续期内的债券进行分析，截至 2016 年末，贵州省政府投融资平台公司共发行债券 207 只，发行总金额为 2383.2 亿元。对贵州经济开发区的政府投融资平台公司发债情况进行分析可以发现，截至 2016 年末，经济开发区内的企业共发行了 31 只债券，发行总金额为 486 亿元。

下面从债券期限和债券类型两个维度对贵州省经济开发区内的平台公司的发债情况进行介绍。

如图 10-7 所示为经济开发区政府投融资平台公司债券期限分布，可以看出贵州省经济开发区政府投融资平台公司发行的债券以 5 年、7 年期为主，累计占比达到 79.63%，3 年期占 9.88%，其余期限的债券发行较少。

如图 10-8 所示为经济开发区政府投融资平台公司债券种类分布，可以看出贵州省经济开发区内政府投融资平台公司发行的债券以一般企业债和私募债为主，发行额分别为 147 亿元和 304 亿元，累计占比达 93%，发行最少的是定向工具和一般中期票据，只有 15 亿元和 20 亿元，分别占比 3% 和 4%。

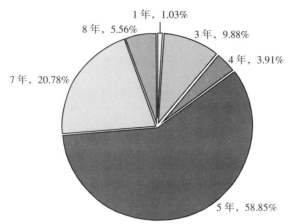

图 10-7　经济开发区政府投融资平台公司债券期限分布

资料来源：Wind 数据库。

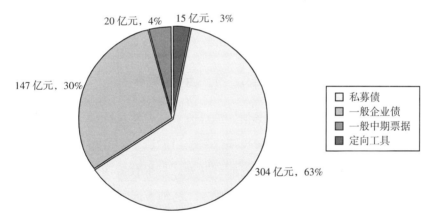

图 10-8　经济开发区政府投融资平台公司债券种类分布

资料来源：Wind 数据库。

三、经济开发区现存问题分析

1. 存量债务负担重，偿债压力较大

当前，我国经济处于"三期叠加"与新旧动能转换阶段，经济下行压力较大。水城经开区通过融资平台举借债务，对推动园区内经济持续发展发挥了积极作用，也有力支持了地方"稳增长"的发展目标。但也因举债较频繁，债务增长较快，造成了较重的历史债务负担。

2.融资成本高企，债务缺乏规模控制

目前，开发区内平台公司缺乏全面系统的管理机制，难以有效发挥政府信用低成本融资的优势和债务资金使用效益，局部地区风险不容忽视，长期来看无法适应转变经济发展方式与全面推进金融改革的需要。

第三节

经济开发区债务管理体系的优化及构建

为了优化经济开发区债务结构，控制债务规模，需要形成行之有效的债务管理体系，具体措施可总结为如下五点：

一、支持平台公司提高评级，降低融资成本

地方融资平台公司适度规范举债，能够有效弥补建设资金不足，符合代际公平原则，是国际通行做法。同时，长期以来通过融资平台公司举借债务，也为促进经济社会发展起到了积极作用。因此，开发区内平台公司应通过股权划转等合法合规的方式提高评级，有效降低融资成本，为地方经济建设做出更大的贡献。

二、建立金融机构诚信档案，监督中介机构服务行为

当前贵州省整体经济增长较快，地方经济具有较大的融资需求，因而不少金融机构进驻当地拓展融资合作机会。但目前金融机构鱼龙混杂，其中存在很多所谓的"投资公司"，这些"投资公司"往往噱头响亮，但其本质上是一种金融中介机构，并不具备相关的金融业务牌照，多属民营性质。这些机构大多游走于政府、当地平台公司以及证券公司之间，通过收取手续费、附带利益等所谓的中介费用来获取收益，造成利益绑架，使债券融资成本徒增，对未来偿债形成不利影响。因此，亟须建立完善的金融机构诚信档案，及时备案并更新各家金融机构的融资案例与背景实力，通过信息对称性有效杜绝居间中介投资公司非法"寻租"

获利，避免融资成本非市场化高企。同时，针对失信金融机构也应采取相应的限制措施：①将失信金融机构信息作为企业主体融资的审慎性参考依据，从严审核；②终止失信金融机构的参与项目竞标资格；③构建"一处失信、处处受限"的信用监督、警示和惩戒体系。

三、建立存量历史债务偿还风险预警机制

要求将经济技术开发区投融资平台历史债务情况及时报送至经开区管委会，偿还前一个月报送偿还资金准备情况；偿还一周前报送资金到位情况；经开区管委会监督全程，并跟地属银行建立应急机制，随时可以取得过桥资金，防范违约风险的发生，确保债务有稳定的偿债资金来源，资金链不断裂。

四、建立科学有效的风险评估机制

对于经济技术开发区投融资平台新增发行债券、信托、租赁等举债行为，需要将情况报批至经开区管委会，并由其出具相关意见。同时，经开区管委会可根据债务率、新增债务率、偿债率、逾期债务率等指标，评估债务风险状况，建立并完善风险评估机制，对高风险债务加强限额管理，防范道德风险。其中，对列入风险预警范围的债务高风险企业，要求其制订中长期债务风险化解规划，通过控制项目规模、引入社会资本等方式，多渠道筹集资金消化存量债务，逐步将债务风险指标控制到警戒线以内。如果债务风险相对较低，则要求合理控制债务余额的规模和增长速度，确保融资工作的有序推进。

五、建立地方债务预算管理机制

要求把经济技术开发区投融资平台新增债务与历史债务合计管理，将整体负债状况与地方政府的一般财政预算收入相挂钩，建立债务收支情况随同预算公开的动态管理机制，督促化解债务，指导和督促有关债务举借单位加强财务管理、拓宽偿债资金渠道、统筹安排偿债资金。

第四节

债务管理及债务风险化解

债务化解是当前或者今后很长一段时间地方政府面临的一个主要问题。结合贵州省省级经济技术开发区产业结构、经济实力以及债务结构，本方案围绕"借新还旧"，即通过举借新债偿还到期历史债务，让存量债务滚动起来，保证不发生违约风险；"用短替长"，即通过引进期限 3 年以上的资金去替换短期资金，用时间换空间，合理调节债务结构，拉长债务偿还时间；"引低替高"，即在国内不断降息的环境下，资金成本 2016 年大幅度降低，通过低成本资金替换历史存量高成本债务可以节约不少利息支出；"表内资金表外化"，即通过基金等方式；"股权融资增活力"，通过引进拟上市公司进行 IPO、新三板挂牌等股权融资方式，提升园区资产质量与运营能力，赢得资本市场低成本回报。

一、借新还旧，做好债务置换

针对经济技术开发区投融资平台现存的融资成本偏高、负债结构不合理等问题，建议通过债务置换的方式，降低融资成本、优化期限结构，为地方经济的健康可持续发展打造良好基础。从广义上来说，债务置换主要包含如下两种方式：

1. 利用地方政府债券进行的债务置换

随着 2014 年国务院 43 号文的颁布，地方政府债务问题受到了广泛的关注，为实现债务风险的化解，2015 年以来，全国各省份在 43 号文的指导下，大力推行地方政府债券的发行，实现低成本融资，进而对地方政府债务中的高成本融资进行置换，缓解地方偿债压力，降低债务风险。此为狭义概念的债务置换。2015~2016 年，各省份通过发行地方政府债券共实现融资 98809.02 亿元，其中贵州省共发行 2414.42 亿元。

2016 年 12 月，国务院办公厅发布《关于印发〈地方政府性债务风险应急处置预案〉的通知》（国办函〔2016〕88号），对地方政府性债务管理机制进行了进一步明确，利用地方政府债券进行债务置换为地方政府性债务风险管理的重要途径之一。

截至"十二五"收官，贵州省省级经济技术开发区融资工作开展模式多以通过土地收储及开发、标准化厂房、基础设施建设项目等方式向银行等金融部门进行贷款。政府信用优势和公信力未得到充分发挥，主要集中于银行等金融机构贷款。

主管省级经济技术开发区的政府可充分利用目前的政策红利，合理利用政府信用优势，运用贵州省地方政府债券的低成本优势，对现有高成本负债进行置换，降低债务风险；与此同时，能够保证区域基础设施建设资金的充足，加强政府扶持经济发展的服务职能，提升经开区政府的信用和社会形象，为今后区域经济的发展奠定坚实的基础。

2. 利用直接融资方式，实现低成本长期限债务融资

随着资本市场的逐步发展完善，股票、债券等直接融资产品成为重要的融资渠道。相对于银行贷款、信托、融资租赁等间接融资方式，直接融资产品有着融资成本低、融资期限相对较长的优势。

就债券产品而言，近年来债券产品的市场化程度大幅提升，募集资金使用的灵活程度提高，可实现"借新还旧""借长还短"，从而实现债务置换、债务结构优化的效果。

而根据贵州省省级经济技术开发区目前的工业生产总值、财政收入以及区域内融资平台经营情况，也可根据公司资金需求及债务结构，发行一定规模的非公开债券品种，同时还可通过创新债券品种实现"时间换空间"的债务化解目的。

从债券发行市场角度而言，贵州省近年来通过发行债券进行直接融资的成本较低，有利于贵州省省级经济技术开发区和区内城投平台债券发行成本的降低；从债券发行期限而言，发行中长期债券要比发行短期债券的成本更低，例如发行7年期（5+2）的债券利率将低于发行5年期（3+2）的利率；从债券发行品种而言，发行公开债券品种比非公开债券品种利率要低，但非公开债券品种发行要求较为宽松，所以可以根据具体需要选择不同品种的债券进行发行。综上所述，贵

州省省级经济技术开发区采用发行债券的直接融资方式，预计综合发行成本将低于 7.3%，甚至低于 7%。

相比经开区政府和区内平台公司之前的融资方式，通过直接融资可以使成本大大降低，且长期债券的发行能够有利于资金的运转和对接，降低债务还款压力和风险，能够及时、有效地缓解经开区沉重的债务压力。因此，建议贵州省省级经济技术开发区在未来积极对接债券、股票等直接融资产品，对现有债务实现低成本、长期限的置换，优化负债结构，降低债务风险。

二、利用资产证券化，盘活园区资产

贵州省省级经济技术开发区可在充分梳理所属国有资产的基础上，探索适当的途径盘活账面资产，提升现金流和收益水平，为缓解债务压力提供流动性支持。目前较为可行的盘活资产方式主要为企业资产证券化。证监会监管框架下的企业资产证券化产品，通过证券公司或基金子公司的资产支持专项计划为企业达到融资目的，属于国家鼓励的用于盘活存量资产的创新性融资方式，尽早开展此项工作，有利于盘活存量资产，开拓新的融资渠道，也便于后续开展公司债等融资品种的申报。资产证券化的优势如表 10-1 所示。

表 10-1　资产证券化的优势

降低融资成本	通过基础资产与企业的风险隔离，可以获得更高的信用评级
优化财务状况	增强企业资产流动性，表外证券化融资可优化企业财务杠杆
融资规模灵活	融资规模由基础资产的预期现金流决定，不受企业净资产限制
资金用途灵活	在符合法律法规及国家产业政策要求的情况下，可由企业自主安排募集资金的使用，不要求公开披露其用途
信息披露要求	仅披露计划账户财务信息，不涉及企业财务信息
解决资金缺口	地方政府投资基础设施往往能够产生稳定的现金流，但投建项目存在资金缺口，财政部明确 PPP 项目可采取资产证券化方式融资

2015 年，企业资产证券化呈现爆发式增长态势，发行数和发行规模分别增长至 1134 只、2035 亿元。2015 年发行的企业资产证券化产品中，以融资租赁资产、公共事业收费权以及应收账款为基础资产的产品发行量较大，分别为 512.57

亿元、414.85 亿元和 229.96 亿元，分别占企业 ABS 发行总量的 29%、23% 和 13%。如图 10-9 所示为 2015 年企业资产证券化发行统计。

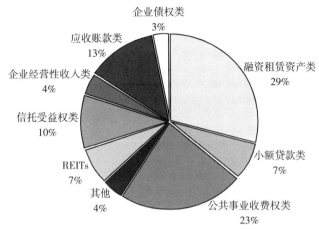

图 10-9　2015 年企业资产证券化发行统计

资料来源：Wind 数据库、中央结算公司。

根据资产证券化发行要求可知，资产证券化基础资产应当为发行企业具有稳定性的营业收入来源之一，对于这种资产，贵州省经济技术开发区应妥善利用，可作为基础资产进行盘活，采用资产证券化的方式进行融资。

综上所述，建议系统梳理贵州省省级经济技术开发区内优质资产，运用资产证券化等方式实现资产盘活，预计可化解大量存量债务。同时，相应的现金流及收益对于债务风险也具有一定的流动性支撑作用。

三、小微企业增信集合债，激活园区企业活力

小微企业增信集合债券是国家发改委贯彻《国务院关于进一步支持小型微型企业健康发展的意见》（国发〔2012〕14 号）文件精神而重点推出的债券融资品种，该方式试图在防范风险的前提下，解决小微企业融资难、融资贵的问题，支持小微企业发展和产业转型升级。

根据国家发改委 2013 年 7 月 23 日下发的《国家发展改革委关于加强小微企业融资服务支持小微企业发展的指导意见》（发改财金〔2013〕1410 号），国家发改委将继续支持符合条件的国有企业和地方政府投融资平台试点发行小微企业

增信集合债券，募集资金在有效监管下，通过商业银行转贷管理，扩大支持小微企业的覆盖面。

由此可见，小微企业增信集合债券是由国有企业或地方政府投融资平台为发行主体，通过商业银行委托贷款的方式投入到小微企业，并以小微企业未来归还的本金和利息来偿付小微企业增信集合债券的本息。委贷资金相关规定如下：对单个委贷对象发放的委贷资金累计余额不得超过 1000 万元且不得超过小微债募集资金规模的 3%。同一控制人下的企业，合计获得委贷资金不得超过上述规定数额和比例。此外，小微企业系指《中小企业划型标准规定》（工信部联企业〔2011〕300 号）中的小型、微型企业。如表 10-2 所示为各行业中小微企业标准。

表 10-2　各行业中小微企业标准

序号	行业	中小微企业标准
1	农、林、牧、渔业	营业收入 20000 万元以下
2	工业	从业人员 1000 人以下或营业收入 40000 万元以下
3	建筑业	营业收入 80000 万元以下或资产额 80000 万元以下
4	批发业	从业人员 200 人以下或营业收入 40000 万元以下
5	零售业	从业人员 300 人以下或营业收入 20000 万元以下
6	交通运输业	从业人员 1000 人以下或营业收入 30000 万元以下
7	仓储业	从业人员 200 人以下或营业收入 30000 万元以下
8	邮政业	从业人员 1000 人以下或营业收入 30000 万元以下
9	住宿业	从业人员 300 人以下或营业收入 10000 万元以下
10	餐饮业	从业人员 300 人以下或营业收入 10000 万元以下
11	信息传输业	从业人员 2000 人以下或营业收入 100000 万元以下
12	软件和信息技术服务业	从业人员 300 人以下或营业收入 10000 万元以下
13	物业管理	从业人员 1000 人以下或营业收入 5000 万元以下
14	租赁和商务服务业	从业人员 300 人以下或资产总额 120000 万元以下
15	房地产开发经营	营业收入 200000 万元以下或资产额 10000 万元以下
16	其他未列明行业	从业人员 300 人以下

综上所述，贵州省省级经济技术开发区可通过小微企业增信集合债券扶持园区内大量企业，激活园区企业活力，同时节省经开区自身资金流量，有效弥补经

开区基础设施建设所需资金。

四、参与基金投资，化解表内存量债务

根据贵州省省级经济技术开发区 2016 年融资情况显示，目前融资方式主要集中于银行等金融机构贷款的传统间接融资环节，而产业基金则可以充分发挥财政资金的引导和撬动作用，带动更多社会资本参与贵州省省级经济技术开发区建设，降低贵州省省级经济技术开发区的整体融资成本，也有利于促进重点培育开放创新平台产业发展的重大项目，例如中外合资、重大招商引资项目、重点对外贸易和对外经济技术合作项目等。

在产业基金层面，通过优先劣后的结构化设置，可以有效地提高财政资金的使用效率和杠杆效应，如以 1 : 4 的杠杆为例，财政资金每认购一份劣后级份额，基金就可对外募集四份优先级份额，并以五份总规模投入园区项目，故同等量级资金发挥的作用是未引入产业基金的五倍。

因此，贵州省省级经济技术开发区应有效把握历史机遇期，通过参与产业基金的方式，一方面为开发区充分化解存量债务、有效降低资产负债率提供大量流动性资金；另一方面也在未增加自身负债的同时，增强贵州省省级经济技术开发区的再融资能力，为省内开发区提供示范性效应。同时，还可积极参与贵州脱贫攻坚投资基金扶贫产业子基金，充分利用政策红利，为债务减负。

五、利用创新融资方式，缓解债务压力

随着资本市场的发展，创新的融资方式层出不穷，运用适宜的创新手段进行融资，可在一定程度上缓解地方的债务压力。依托 2015 年推出的 PPP 模式，资本市场中的创新融资模式层出不穷，其中 PPP 基金应用最为广泛。在 43 号文的背景下，引入 PPP 基金可在一定程度上缓解地方财政投入不足与城镇化建设融资缺口之间的矛盾。PPP 基金追求的是长期稳定的收益，这正与城镇化建设中基础设施项目资金规模大、投资回收期长的特点相吻合。

在可预见的未来，地方基础设施建设需求仍将持续高水平。在地方政府债务严格监管的背景下，贵州省省级经济技术开发区应积极探索创新融资品种，摒弃

以往相对粗放的融资模式，为项目匹配上周期适当、成本适宜的融资产品，对债务风险的化解具有重要的作用。

六、通过股权融资，充分利用资本市场资源

资本市场是市场经济的重要组成部分。企业通过资本市场上市融资是扩大规模、加快发展、提高运行质量和核心竞争力的有效途径，既是实现企业制度创新、管理创新和技术创新的重要手段，也是筹集社会资金实现再投入、优化资源配置、调整经济结构、构筑发展平台、实现跨越式发展的重大措施。

贵州省省级经济技术开发区应用足用好国家重大政策机遇，实施更加积极主动的全方位开发战略，着力打造开放平台，以国有平台为依托，整合市场资源，抓好市场主体；同时要抢抓政策机遇，营造引进省外拟上市企业的良好氛围，力争吸引更多优强企业到贵州省省级经济技术开发区组建上市公司、并购重组，进一步加强以商招商力度，着力提高资本市场融资效率，积极开展如天然天能环境投资有限公司等省外拟上市企业的引进工作，引入和培育更多优质企业。此外，开发区应加强拟上市后备企业资源库建设，明确企业入库标准、动态管理机制及政策支持措施，选取园区中优质企业，重点培育上市，要以贫困地区实体经济为导向，以资本市场融资为重点，增强园区自我发展能力。具体实施模式为以下三种：

1. 以国有平台为依托收购主板上市公司进行再融资

上市公司以资本市场为融资平台，不仅可以解决企业自身发展所需要的资金问题，为公司的持续发展获得稳定的长期融资渠道，还可以借此形成良性的资金循环，在更广阔的范围内进行融资，从而扩大公司的资本金规模，进而扩大生产，提高盈利空间。贵州省省级经济技术开发区可以凭借其国有平台的优势，以其相对成熟的运行机制与管理经验和出色的城市资源整合能力，为开发区企业提供更具有优势的竞争力。

依托自身国有平台，投融资平台应收购主板上市公司，进行强强合作，开发区提供优质的市场资源，上市公司则可以通过配股、增发和发行可转换债券等方式在证券市场上直接融资，从而提供更广阔的融资渠道，使开发区企业依托市场

化经营获得稳定收入和现金流，建立良性健康的资金循环体系，做大做强开发区企业。上市公司通过资本市场实现了资金的有效募集，通过虚拟与实体经济的联动效应提高了自身的发展，降低了企业发展对银行的过度依赖和金融风险，提高了开发区经济建设与发展能力。

2. 引进成熟拟上市公司进入园区进行培育扶持

拟上市公司（Pre-IPO）是指以上市为目标，上市有实质性进展并经省发展改革委确认的公司。相比其他未上市的企业，拟上市公司基本符合上市条件，符合国家的产业政策和企业发展战略。通过引入成熟的拟上市公司，一方面拟上市公司可以更加快速地进入资本市场；另一方面，也可以更加快速地利用资本市场推动园区企业的发展。

开发区可以开牵头会同相关部门做好日常协调、服务工作，解决改制挂牌上市过程中遇到的重大问题；组织中介机构为企业开展专业服务，提供融资支持；与各证券交易所开展战略合作，为企业改制挂牌上市提供专业指导和服务；组织开展改制挂牌上市知识的宣传和培训；建立相应的工作机制和信息报送机制，配备改制挂牌上市工作专职人员，及时报送企业改制挂牌上市工作进展情况。

3. 择优选取园区现有企业，重点培育上市

开发区上市公司代表了开发区最先进的融资模式、管理模式和盈利模式，既是开发区公司中最优秀的群体，也是开发区重要的品牌典型。因此，可择优选取园区中现有企业，通过三至四年的重点培育，逐步辅导上市。

对园区中具备一定规模、主业突出、近年效益增幅较大、在同行业中排名靠前的企业，可选择在境内外证券交易所上市；对规模不大，但具有一定发展潜力和较高成长性的中小型企业或高科技企业，可选择在全国中小企业股份转让系统（"新三板"）和地方股份转让中心（OTC）挂牌交易；自身上市条件不够成熟，但业绩比较平稳的中小型企业，可走资产重组、借壳、参股上市的路子。

培育的上市公司一方面可以为开发区的经营进行直接融资，通过资本运作，引入增量投资，实现债务风险的综合性化解，建立完善的资金体系，为开发区奠定良好的发展基础；另一方面，作为开发区重点培育的品牌企业，能在社会上建立起较高的知名度，产生良好的品牌效应，开发区凭借其上市公司的信用和品牌

优势，在招商引资、获取银行贷款支持方面能降低交易成本，从而获得比较竞争优势。

以贵州石鑫玄武岩科技有限公司为例，该公司注册资本为 5000 万元人民币，如按照主板上市最低盈利标准连续三年净利润累计超过 3000 万元人民币，每年净利润为 1000 万元，依照目前玄武岩纤维市场平均市盈率 41 倍计算，则公司市场价值约为 4.1 亿元，撬动了超过其自身注册资本 7 倍的社会资金，同时公司上市后仍可以通过增发、配股等方式为园区企业的发展提供稳健的资金支持。

通过资本市场的运作，可以最大限度地提供良性、稳健的资金支持体系，通过更加广阔的融资渠道与多样化的融资方式，妥善化解综合性债务风险。

七、引入智库建设，提供战略化发展路径

新型智库建设已成为影响政府决策、推动地方经济发展的重要力量，成为地区打造软实力的重要组成部分。在贵州省省级经济技术开发区的债务化解、存量管理以及融资体系构建过程中，将由贵州省商务厅联合各大高校、行业先驱共同发起设立新型智库，同时引进管理咨询集团等专业化智库进行合作辅导，将智库成果引入公共决策过程之中，既借鉴国际成熟经验，又能系统性构建战略化转型体制与机制，从而为贵州省省级经济技术开发区整体可持续性融资管理提供理性化解决方案，同时也为园区企业成长提供最优的战略化发展路径。

附　录

附录一
国务院关于加强地方政府性债务管理的意见

国发〔2014〕43号

各省、自治区、直辖市人民政府，国务院各部委、各直属机构：

为加强地方政府性债务管理，促进国民经济持续健康发展，根据党的十八大、十八届三中全会精神，现提出以下意见：

一、总体要求

（一）指导思想。以邓小平理论、"三个代表"重要思想、科学发展观为指导，全面贯彻落实党的十八大、十八届三中全会精神，按照党中央、国务院决策部署，建立"借、用、还"相统一的地方政府性债务管理机制，有效发挥地方政府规范举债的积极作用，切实防范化解财政金融风险，促进国民经济持续健康发展。

（二）基本原则。

疏堵结合。修明渠、堵暗道，赋予地方政府依法适度举债融资权限，加快建立规范的地方政府举债融资机制。同时，坚决制止地方政府违法违规举债。

分清责任。明确政府和企业的责任，政府债务不得通过企业举借，企业债务不得推给政府偿还，切实做到谁借谁还、风险自担。政府与社会资本合作的，按约定规则依法承担相关责任。

规范管理。对地方政府债务实行规模控制，严格限定政府举债程序和资金用途，把地方政府债务分门别类纳入全口径预算管理，实现"借、用、还"相统一。

防范风险。牢牢守住不发生区域性和系统性风险的底线，切实防范和化解财政金融风险。

稳步推进。加强债务管理，既要积极推进，又要谨慎稳健。在规范管理的同时，要妥善处理存量债务，确保在建项目有序推进。

二、加快建立规范的地方政府举债融资机制

（一）赋予地方政府依法适度举债权限。经国务院批准，省、自治区、直辖市政府可以适度举借债务，市县级政府确需举借债务的由省、自治区、直辖市政府代为举借。明确划清政府与企业界限，政府债务只能通过政府及其部门举借，不得通过企事业单位等举借。

（二）建立规范的地方政府举债融资机制。地方政府举债采取政府债券方式。没有收益的公益性事业发展确需政府举借一般债务的，由地方政府发行一般债券融资，主要以一般公共预算收入偿还。有一定收益的公益性事业发展确需政府举借专项债务的，由地方政府通过发行专项债券融资，以对应的政府性基金或专项收入偿还。

（三）推广使用政府与社会资本合作模式。鼓励社会资本通过特许经营等方式，参与城市基础设施等有一定收益的公益性事业投资和运营。政府通过特许经营权、合理定价、财政补贴等事先公开的收益约定规则，使投资者有长期稳定收益。投资者按照市场化原则出资，按约定规则独自或与政府共同成立特别目的公司建设和运营合作项目。投资者或特别目的公司可以通过银行贷款、企业债、项目收益债券、资产证券化等市场化方式举债并承担偿债责任。政府对投资者或特别目的公司按约定规则依法承担特许经营权、合理定价、财政补贴等相关责任，不承担投资者或特别目的公司的偿债责任。

（四）加强政府或有债务监管。剥离融资平台公司政府融资职能，融资平台

公司不得新增政府债务。地方政府新发生或有债务，要严格限定在依法担保的范围内，并根据担保合同依法承担相关责任。地方政府要加强对或有债务的统计分析和风险防控，做好相关监管工作。

三、对地方政府债务实行规模控制和预算管理

（一）对地方政府债务实行规模控制。地方政府债务规模实行限额管理，地方政府举债不得突破批准的限额。地方政府一般债务和专项债务规模纳入限额管理，由国务院确定并报全国人大或其常委会批准，分地区限额由财政部在全国人大或其常委会批准的地方政府债务规模内根据各地区债务风险、财力状况等因素测算并报国务院批准。

（二）严格限定地方政府举债程序和资金用途。地方政府在国务院批准的分地区限额内举借债务，必须报本级人大或其常委会批准。地方政府不得通过企事业单位等举借债务。地方政府举借债务要遵循市场化原则。建立地方政府信用评级制度，逐步完善地方政府债券市场。地方政府举借的债务，只能用于公益性资本支出和适度归还存量债务，不得用于经常性支出。

（三）把地方政府债务分门别类纳入全口径预算管理。地方政府要将一般债务收支纳入一般公共预算管理，将专项债务收支纳入政府性基金预算管理，将政府与社会资本合作项目中的财政补贴等支出按性质纳入相应政府预算管理。地方政府各部门、各单位要将债务收支纳入部门和单位预算管理。或有债务确需地方政府或其部门、单位依法承担偿债责任的，偿债资金要纳入相应预算管理。

四、控制和化解地方政府性债务风险

（一）建立地方政府性债务风险预警机制。财政部根据各地区一般债务、专项债务、或有债务等情况，测算债务率、新增债务率、偿债率、逾期债务率等指标，评估各地区债务风险状况，对债务高风险地区进行风险预警。列入风险预警范围的债务高风险地区，要积极采取措施，逐步降低风险。债务风险相对较低的地区，要合理控制债务余额的规模和增长速度。

（二）建立债务风险应急处置机制。要硬化预算约束，防范道德风险，地方

政府对其举借的债务负有偿还责任，中央政府实行不救助原则。各级政府要制定应急处置预案，建立责任追究机制。地方政府出现偿债困难时，要通过控制项目规模、压缩公用经费、处置存量资产等方式，多渠道筹集资金偿还债务。地方政府难以自行偿还债务时，要及时上报，本级和上级政府要启动债务风险应急处置预案和责任追究机制，切实化解债务风险，并追究相关人员责任。

（三）严肃财经纪律。建立对违法违规融资和违规使用政府性债务资金的惩罚机制，加大对地方政府性债务管理的监督检查力度。地方政府及其所属部门不得在预算之外违法违规举借债务，不得以支持公益性事业发展名义举借债务用于经常性支出或楼堂馆所建设，不得挪用债务资金或改变既定资金用途；对企业的注资、财政补贴等行为必须依法合规，不得违法为任何单位和个人的债务以任何方式提供担保；不得违规干预金融机构等正常经营活动，不得强制金融机构等提供政府性融资。地方政府要进一步规范土地出让管理，坚决制止违法违规出让土地及融资行为。

五、完善配套制度

（一）完善债务报告和公开制度。完善地方政府性债务统计报告制度，加快建立权责发生制的政府综合财务报告制度，全面反映政府的资产负债情况。对于中央出台的重大政策措施如棚户区改造等形成的政府性债务，应当单独统计、单独核算、单独检查、单独考核。建立地方政府性债务公开制度，加强政府信用体系建设。各地区要定期向社会公开政府性债务及其项目建设情况，自觉接受社会监督。

（二）建立考核问责机制。把政府性债务作为一个硬指标纳入政绩考核。明确责任落实，各省、自治区、直辖市政府要对本地区地方政府性债务负责任。强化教育和考核，纠正不正确的政绩导向。对脱离实际过度举债、违法违规举债或担保、违规使用债务资金、恶意逃废债务等行为，要追究相关责任人责任。

（三）强化债权人约束。金融机构等不得违法违规向地方政府提供融资，不得要求地方政府违法违规提供担保。金融机构等购买地方政府债券要符合监管规定，向属于政府或有债务举借主体的企业法人等提供融资要严格规范信贷管理，切实加强风险识别和风险管理。金融机构等违法违规提供政府性融资的，应自行承担相应损失，并按照商业银行法、银行业监督管理法等法律法规追究相关机构和人员的责任。

六、妥善处理存量债务和在建项目后续融资

（一）抓紧将存量债务纳入预算管理。以 2013 年政府性债务审计结果为基础，结合审计后债务增减变化情况，经债权人与债务人共同协商确认，对地方政府性债务存量进行甄别。对地方政府及其部门举借的债务，相应纳入一般债务和专项债务。对企事业单位举借的债务，凡属于政府应当偿还的债务，相应纳入一般债务和专项债务。地方政府将甄别后的政府存量债务逐级汇总上报国务院批准后，分类纳入预算管理。纳入预算管理的债务原有债权债务关系不变，偿债资金要按照预算管理要求规范管理。

（二）积极降低存量债务利息负担。对甄别后纳入预算管理的地方政府存量债务，各地区可申请发行地方政府债券置换，以降低利息负担，优化期限结构，腾出更多资金用于重点项目建设。

（三）妥善偿还存量债务。处置到期存量债务要遵循市场规则，减少行政干预。对项目自身运营收入能够按时还本付息的债务，应继续通过项目收入偿还。对项目自身运营收入不足以还本付息的债务，可以通过依法注入优质资产、加强经营管理、加大改革力度等措施，提高项目盈利能力，增强偿债能力。地方政府应指导和督促有关债务举借单位加强财务管理、拓宽偿债资金渠道、统筹安排偿债资金。对确需地方政府偿还的债务，地方政府要切实履行偿债责任，必要时可以处置政府资产偿还债务。对确需地方政府履行担保或救助责任的债务，地方政府要切实依法履行协议约定，作出妥善安排。有关债务举借单位和连带责任人要按照协议认真落实偿债责任，明确偿债时限，按时还本付息，不得单方面改变原有债权债务关系，不得转嫁偿债责任和逃废债务。对确已形成损失的存量债务，债权人应按照商业化原则承担相应责任和损失。

（四）确保在建项目后续融资。地方政府要统筹各类资金，优先保障在建项目续建和收尾。对使用债务资金的在建项目，原贷款银行等要重新进行审核，凡

符合国家有关规定的项目，要继续按协议提供贷款，推进项目建设；对在建项目确实没有其他建设资金来源的，应主要通过政府与社会资本合作模式和地方政府债券解决后续融资。

七、加强组织领导

各地区、各部门要高度重视，把思想和行动统一到党中央、国务院决策部署上来。地方政府要切实担负起加强地方政府性债务管理、防范化解财政金融风险的责任，结合实际制定具体方案，政府主要负责人要作为第一责任人，认真抓好政策落实。要建立地方政府性债务协调机制，统筹加强地方政府性债务管理。财政部门作为地方政府性债务归口管理部门，要完善债务管理制度，充实债务管理力量，做好债务规模控制、债券发行、预算管理、统计分析和风险监控等工作；发展改革部门要加强政府投资计划管理和项目审批，从严审批债务风险较高地区的新开工项目；金融监管部门要加强监管、正确引导，制止金融机构等违法违规提供融资；审计部门要依法加强对地方政府性债务的审计监督，促进完善债务管理制度，防范风险，规范管理，提高资金使用效益。各地区、各部门要切实履行职责，加强协调配合，全面做好加强地方政府性债务管理各项工作，确保政策贯彻落实到位。

国务院

2014 年 9 月 21 日

附录二

中共中央　国务院关于深化投融资体制改革的意见

中发〔2016〕18 号

（2016 年 7 月 5 日）

党的十八大以来，党中央、国务院大力推进简政放权、放管结合、优化服务改革，投融资体制改革取得新的突破，投资项目审批范围大幅度缩减，投资管理工作重心逐步从事前审批转向过程服务和事中事后监管，企业投资自主权进一步落实，调动了社会资本积极性。同时也要看到，与政府职能转变和经济社会发展要求相比，投融资管理体制仍然存在一些问题，主要是：简政放权不协同、不到位，企业投资主体地位有待进一步确立；投资项目融资难融资贵问题较为突出，融资渠道需要进一步畅通；政府投资管理亟需创新，引导和带动作用有待进一步发挥；权力下放与配套制度建设不同步，事中事后监管和过程服务仍需加强；投资法制建设滞后，投资监管法治化水平亟待提高。为深化投融资体制改革，充分发挥投资对稳增长、调结构、惠民生的关键作用，现提出以下意见。

一、总体要求

全面贯彻落实党的十八大和十八届三中、四中、五中全会精神，以邓小平理论、"三个代表"重要思想、科学发展观为指导，深入学习贯彻习近平总书记系列重要讲话精神，按照"五位一体"总体布局和"四个全面"战略布局，牢固树立和贯彻落实创新、协调、绿色、开放、共享的新发展理念，着力推进结构性改革尤其是供给侧结构性改革，充分发挥市场在资源配置中的决定性作用和更好发挥政府作用。进一步转变政府职能，深入推进简政放权、放管结合、优化服务改革，建立完善企业自主决策、融资渠道畅通、职能转变到位、政府行为规范、宏观调控有效、法治保障健全的新型投融资体制。

——企业为主，政府引导。科学界定并严格控制政府投资范围，平等对待各类投资主体，确立企业投资主体地位，放宽放活社会投资，激发民间投资潜力和创新活力。充分发挥政府投资的引导作用和放大效应，完善政府和社会资本合作模式。

——放管结合，优化服务。将投资管理工作的立足点放到为企业投资活动做好服务上，在服务中实施管理，在管理中实现服务。更加注重事前政策引导、事中事后监管约束和过程服务，创新服务方式，简化服务流程，提高综合服务能力。

——创新机制，畅通渠道。打通投融资渠道，拓宽投资项目资金来源，充分挖掘社会资金潜力，让更多储蓄转化为有效投资，有效缓解投资项目融资难融资贵问题。

——统筹兼顾，协同推进。投融资体制改革要与供给侧结构性改革以及财税、金融、国有企业等领域改革有机衔接、整体推进，建立上下联动、横向协同工作机制，形成改革合力。

二、改善企业投资管理，充分激发社会投资动力和活力

（一）确立企业投资主体地位。坚持企业投资核准范围最小化，原则上由企业依法依规自主决策投资行为。在一定领域、区域内先行试点企业投资项目承诺制，探索创新以政策性条件引导、企业信用承诺、监管有效约束为核心的管理模式。对极少数关系国家安全和生态安全、涉及全国重大生产力布局、战略性资源开发和重大公共利益等项目，政府从维护社会公共利益角度确需依法进行审查把关的，应将相关事项以清单方式列明，最大限度缩减核准事项。

（二）建立投资项目"三个清单"管理制度。及时修订并公布政府核准的投资项目目录，实行企业投资项目管理负面清单制度，除目录范围内的项目外，一律实行备案制，由企业按照有关规定向备案机关备案。建立企业投资项目管理权力清单制度，将各级政府部门行使的企业投资项目管理职权以清单形式明确下来，严格遵循职权法定原则，规范职权行使，优化管理流程。建立企业投资项目管理责任清单制度，厘清各级政府部门企业投资项目管理职权所对应的责任事

项，明确责任主体，健全问责机制。建立健全"三个清单"动态管理机制，根据情况变化适时调整。清单应及时向社会公布，接受社会监督，做到依法、公开、透明。

（三）优化管理流程。实行备案制的投资项目，备案机关要通过投资项目在线审批监管平台或政务服务大厅，提供快捷备案服务，不得设置任何前置条件。实行核准制的投资项目，政府部门要依托投资项目在线审批监管平台或政务服务大厅实行并联核准。精简投资项目准入阶段的相关手续，只保留选址意见、用地（用海）预审以及重特大项目的环评审批作为前置条件；按照并联办理、联合评审的要求，相关部门要协同下放审批权限，探索建立多评合一、统一评审的新模式。加快推进中介服务市场化进程，打破行业、地区壁垒和部门垄断，切断中介服务机构与政府部门间的利益关联，建立公开透明的中介服务市场。进一步简化、整合投资项目报建手续，取消投资项目报建阶段技术审查类的相关审批手续，探索实行先建后验的管理模式。

（四）规范企业投资行为。各类企业要严格遵守城乡规划、土地管理、环境保护、安全生产等方面的法律法规，认真执行相关政策和标准规定，依法落实项目法人责任制、招标投标制、工程监理制和合同管理制，切实加强信用体系建设，自觉规范投资行为。对于以不正当手段取得核准或备案手续以及未按照核准内容进行建设的项目，核准、备案机关应当根据情节轻重依法给予警告、责令停止建设、责令停产等处罚；对于未依法办理其他相关手续擅自开工建设，以及建设过程中违反城乡规划、土地管理、环境保护、安全生产等方面的法律法规的项目，相关部门应依法予以处罚。相关责任人员涉嫌犯罪的，依法移送司法机关处理。各类投资中介服务机构要坚持诚信原则，加强自我约束，增强服务意识和社会责任意识，塑造诚信高效、社会信赖的行业形象。有关行业协会要加强行业自律，健全行业规范和标准，提高服务质量，不得变相审批。

三、完善政府投资体制，发挥好政府投资的引导和带动作用

（五）进一步明确政府投资范围。政府投资资金只投向市场不能有效配置资源的社会公益服务、公共基础设施、农业农村、生态环境保护和修复、重大科技

进步、社会管理、国家安全等公共领域的项目，以非经营性项目为主，原则上不支持经营性项目。建立政府投资范围定期评估调整机制，不断优化投资方向和结构，提高投资效率。

（六）优化政府投资安排方式。政府投资资金按项目安排，以直接投资方式为主。对确需支持的经营性项目，主要采取资本金注入方式投入，也可适当采取投资补助、贷款贴息等方式进行引导。安排政府投资资金应当在明确各方权益的基础上平等对待各类投资主体，不得设置歧视性条件。根据发展需要，依法发起设立基础设施建设基金、公共服务发展基金、住房保障发展基金、政府出资产业投资基金等各类基金，充分发挥政府资金的引导作用和放大效应。加快地方政府融资平台的市场化转型。

（七）规范政府投资管理。依据国民经济和社会发展规划及国家宏观调控总体要求，编制三年滚动政府投资计划，明确计划期内的重大项目，并与中期财政规划相衔接，统筹安排、规范使用各类政府投资资金。依据三年滚动政府投资计划及国家宏观调控政策，编制政府投资年度计划，合理安排政府投资。建立覆盖各地区各部门的政府投资项目库，未入库项目原则上不予安排政府投资。完善政府投资项目信息统一管理机制，建立贯通各地区各部门的项目信息平台，并尽快拓展至企业投资项目，实现项目信息共享。改进和规范政府投资项目审批制，采用直接投资和资本金注入方式的项目，对经济社会发展、社会公众利益有重大影响或者投资规模较大的，要在咨询机构评估、公众参与、专家评议、风险评估等科学论证基础上，严格审批项目建议书、可行性研究报告、初步设计。经国务院及有关部门批准的专项规划、区域规划中已经明确的项目，部分改扩建项目，以及建设内容单一、投资规模较小、技术方案简单的项目，可以简化相关文件内容和审批程序。

（八）加强政府投资事中事后监管。加强政府投资项目建设管理，严格投资概算、建设标准、建设工期等要求。严格按照项目建设进度下达投资计划，确保政府投资及时发挥效益。严格概算执行和造价控制，健全概算审批、调整等管理制度。进一步完善政府投资项目代理建设制度。在社会事业、基础设施等领域，推广应用建筑信息模型技术。鼓励有条件的政府投资项目通过市场化方式进行运营管理。完善政府投资监管机制，加强投资项目审计监督，强化重大项目稽察制度，完善竣工验收制度，建立后评价制度，健全政府投资责任追究制度。建立社会监督机制，推动政府投资信息公开，鼓励公众和媒体对政府投资进行监督。

（九）鼓励政府和社会资本合作。各地区各部门可以根据需要和财力状况，通过特许经营、政府购买服务等方式，在交通、环保、医疗、养老等领域采取单个项目、组合项目、连片开发等多种形式，扩大公共产品和服务供给。要合理把握价格、土地、金融等方面的政策支持力度，稳定项目预期收益。要发挥工程咨询、金融、财务、法律等方面专业机构作用，提高项目决策的科学性、项目管理的专业性和项目实施的有效性。

四、创新融资机制，畅通投资项目融资渠道

（十）大力发展直接融资。依托多层次资本市场体系，拓宽投资项目融资渠道，支持有真实经济活动支撑的资产证券化，盘活存量资产，优化金融资源配置，更好地服务投资兴业。结合国有企业改革和混合所有制机制创新，优化能源、交通等领域投资项目的直接融资。通过多种方式加大对种子期、初创期企业投资项目的金融支持力度，有针对性地为"双创"项目提供股权、债权以及信用贷款等融资综合服务。加大创新力度，丰富债券品种，进一步发展企业债券、公司债券、非金融企业债务融资工具、项目收益债等，支持重点领域投资项目通过债券市场筹措资金。开展金融机构以适当方式依法持有企业股权的试点。设立政府引导、市场化运作的产业（股权）投资基金，积极吸引社会资本参加，鼓励金融机构以及全国社会保障基金、保险资金等在依法合规、风险可控的前提下，经批准后通过认购基金份额等方式有效参与。加快建立规范的地方政府举债融资机制，支持省级政府依法依规发行政府债券，用于公共领域重点项目建设。

（十一）充分发挥政策性、开发性金融机构积极作用。在国家批准的业务范围内，政策性、开发性金融机构要加大对城镇棚户区改造、生态环保、城乡基础设施建设、科技创新等重大项目和工程的资金支持力度。根据宏观调控需要，支持政策性、开发性金融机构发行金融债券专项用于支持重点项目建设。发挥专项建设基金作用，通过资本金注入、股权投资等方式，支持看得准、有回报、不新

增过剩产能、不形成重复建设、不产生挤出效应的重点领域项目。建立健全政银企社合作对接机制，搭建信息共享、资金对接平台，协调金融机构加大对重大工程的支持力度。

（十二）完善保险资金等机构资金对项目建设的投资机制。在风险可控的前提下，逐步放宽保险资金投资范围，创新资金运用方式。鼓励通过债权、股权、资产支持等多种方式，支持重大基础设施、重大民生工程、新型城镇化等领域的项目建设。加快推进全国社会保障基金、基本养老保险基金、企业年金等投资管理体系建设，建立和完善市场化投资运营机制。

（十三）加快构建更加开放的投融资体制。创新有利于深化对外合作的投融资机制，加强金融机构协调配合，用好各类资金，为国内企业走出去和重点合作项目提供更多投融资支持。在宏观和微观审慎管理框架下，稳步放宽境内企业和金融机构赴境外融资，做好风险规避。完善境外发债备案制，募集低成本外汇资金，更好地支持企业对外投资项目。加强与国际金融机构和各国政府、企业、金融机构之间的多层次投融资合作。

五、切实转变政府职能，提升综合服务管理水平

（十四）创新服务管理方式。探索建立并逐步推行投资项目审批首问负责制，投资主管部门或审批协调机构作为首家受理单位"一站式"受理、"全流程"服务，一家负责到底。充分运用互联网和大数据等技术，加快建设投资项目在线审批监管平台，联通各级政府部门，覆盖全国各类投资项目，实现一口受理、网上办理、规范透明、限时办结。加快建立投资项目统一代码制度，统一汇集审批、建设、监管等项目信息，实现信息共享，推动信息公开，提高透明度。各有关部门要制定项目审批工作规则和办事指南，及时公开受理情况、办理过程、审批结果，发布政策信息、投资信息、中介服务信息等，为企业投资决策提供参考和帮助。鼓励新闻媒体、公民、法人和其他组织依法对政府的服务管理行为进行监督。下移服务管理重心，加强业务指导和基层投资管理队伍建设，给予地方更多自主权，充分调动地方积极性。

（十五）加强规划政策引导。充分发挥发展规划、产业政策、行业标准等对投资活动的引导作用，并为监管提供依据。把发展规划作为引导投资方向，稳定投资运行，规范项目准入，优化项目布局，合理配置资金、土地（海域）、能源资源、人力资源等要素的重要手段。完善产业结构调整指导目录、外商投资产业指导目录等，为各类投资活动提供依据和指导。构建更加科学、更加完善、更具操作性的行业准入标准体系，加快制定修订能耗、水耗、用地、碳排放、污染物排放、安全生产等技术标准，实施能效和排污强度"领跑者"制度，鼓励各地区结合实际依法制定更加严格的地方标准。

（十六）健全监管约束机制。按照谁审批谁监管、谁主管谁监管的原则，明确监管责任，注重发挥投资主管部门综合监管职能、地方政府就近就便监管作用和行业管理部门专业优势，整合监管力量，共享监管信息，实现协同监管。依托投资项目在线审批监管平台，加强项目建设全过程监管，确保项目合法开工、建设过程合规有序。各有关部门要完善规章制度，制定监管工作指南和操作规程，促进监管工作标准具体化、公开化。要严格执法，依法纠正和查处违法违规投资建设行为。实施投融资领域相关主体信用承诺制度，建立异常信用记录和严重违法失信"黑名单"，纳入全国信用信息共享平台，强化并提升政府和投资者的契约意识和诚信意识，形成守信激励、失信惩戒的约束机制，促使相关主体切实强化责任，履行法定义务，确保投资建设市场安全高效运行。

六、强化保障措施，确保改革任务落实到位

（十七）加强分工协作。各地区各部门要充分认识深化投融资体制改革的重要性和紧迫性，加强组织领导，搞好分工协作，制定具体方案，明确任务分工、时间节点，定期督查、强化问责，确保各项改革措施稳步推进。国务院投资主管部门要切实履行好投资调控管理的综合协调、统筹推进职责。

（十八）加快立法工作。完善与投融资相关的法律法规，制定实施政府投资条例、企业投资项目核准和备案管理条例，加快推进社会信用、股权投资等方面的立法工作，依法保护各方权益，维护竞争公平有序、要素合理流动的投融资市场环境。

（十九）推进配套改革。加快推进铁路、石油、天然气、电力、电信、医疗、

教育、城市公用事业等领域改革，规范并完善政府和社会资本合作、特许经营管理，鼓励社会资本参与。加快推进基础设施和公用事业等领域价格改革，完善市场决定价格机制。研究推动土地制度配套改革。加快推进金融体制改革和创新，健全金融市场运行机制。投融资体制改革与其他领域改革要协同推进，形成叠加效应，充分释放改革红利。

附录三
关于在公共服务领域深入推进政府和社会资本合作工作的通知

财金〔2016〕90 号

各省、自治区、直辖市、计划单列市财政厅（局），新疆生产建设兵团财务局：

为进一步贯彻落实党中央、国务院工作部署，统筹推进公共服务领域深化政府和社会资本合作（PPP）改革工作，提升我国公共服务供给质量和效率，巩固和增强经济持续增长动力，现将有关事项通知如下：

一、大力践行公共服务领域供给侧结构性改革。各级财政部门要联合有关部门，继续坚持推广 PPP 模式"促改革、惠民生、稳增长"的定位，切实践行供给侧结构性改革的最新要求，进一步推动公共服务从政府供给向合作供给、从单一投入向多元投入、从短期平衡向中长期平衡转变。要以改革实现公共服务供给结构调整，扩大有效供给，提高公共服务的供给质量和效率。要以改革激发社会资本活力和创造力，形成经济增长的内生动力，推动经济社会持续健康发展。

二、进一步加大 PPP 模式推广应用力度。在中央财政给予支持的公共服务领域，可根据行业特点和成熟度，探索开展两个"强制"试点。在垃圾处理、污水处理等公共服务领域，项目一般有现金流，市场化程度较高，PPP 模式运用较为广泛，操作相对成熟，各地新建项目要"强制"应用 PPP 模式，中央财政将逐步减少并取消专项建设资金补助。在其他中央财政给予支持的公共服务领域，对于有现金流、具备运营条件的项目，要"强制"实施 PPP 模式识别论证，鼓励尝试运用 PPP 模式，注重项目运营，提高公共服务质量。

三、积极引导各类社会资本参与。各级财政部门要联合有关部门营造公平竞争环境，鼓励国有控股企业、民营企业、混合所有制企业、外商投资企业等各类型企业，按同等标准、同等待遇参与 PPP 项目。要会同有关行业部门合理设定采购标准和条件，确保采购过程公平、公正、公开，不得以不合理的采购条件（包括设置过高或无关的资格条件，过高的保证金等）对潜在合作方实行差别待遇或歧视性待遇，着力激发和促进民间投资。对民营资本设置差别条款和歧视性条款的 PPP 项目，各级财政部门将不再安排资金和政策支持。

四、扎实做好项目前期论证。在充分论证项目可行性的基础上，各级财政部门要及时会同行业主管部门开展物有所值评价和财政承受能力论证。各级财政部门要聚焦公共服务领域，根据《国务院办公厅转发财政部　发展改革委　人民银行关于在公共服务领域推广政府和社会资本合作模式指导意见的通知》（国办发〔2015〕42 号）规定，确保公共资金、资产和资源优先用于提升公共服务的质量和水平，按照政府采购法相关规定择优确定社会资本合作伙伴，切实防止无效投资和重复建设。要严格区分公共服务项目和产业发展项目，在能源、交通运输、市政工程、农业、林业、水利、环境保护、保障性安居工程、医疗卫生、养老、教育、科技、文化、体育、旅游等公共服务领域深化 PPP 改革工作，依托 PPP 综合信息平台，建立本地区 PPP 项目开发目录。

五、着力规范推进项目实施。各级财政部门要会同有关部门统筹论证项目合作周期、收费定价机制、投资收益水平、风险分配框架和政府补贴等因素，科学设计 PPP 项目实施方案，确保充分体现"风险分担、收益共享、激励相容"的内涵特征，防止政府以固定回报承诺、回购安排、明股实债等方式承担过度支出责任，避免将当期政府购买服务支出代替 PPP 项目中长期的支出责任，规避 PPP 相关评价论证程序，加剧地方政府财政债务风险隐患。要加强项目全生命周期的合同履约管理，确保政府和社会资本双方权利义务对等，政府支出责任与公共服务绩效挂钩。

六、充分发挥示范项目引领作用。各级财政部门要联合有关部门，按照"又快又实""能进能出"的原则，大力推动 PPP 示范项目规范实施。要积极为项目实施创造条件，加强示范项目定向辅导，指导项目单位科学编制实施方案，合理选择运作方式，择优选择社会资本，详细签订项目合同，加强项目实施监管，确保示范项目实施质量，充分发挥示范项目的引领性和带动性。要积极做好示范项目督导工作，推动项目加快实施，在一定期限内仍不具备签约条件的，将不再作为示范项目实施。

七、因地制宜完善管理制度机制。各级财政部门要根据财政部 PPP 相关制度政策，结合各地实际情况，进一步建立健全本地区推广实施 PPP 模式的制度政策体系，细化对地市及县域地区的政策指导。要结合内部职能调整，进一步整合和加强专门力量，健全机构建设，并研究建立部门间的 PPP 协同管理机制，进一步梳理 PPP 相关工作的流程环节，明确管理职责，强调按制度管理、按程序办事。

八、切实有效履行财政管理职能。各级财政部门要会同行业主管部门合理确定公共服务成本，统筹安排公共资金、资产和资源，平衡好公众负担和社会资本回报诉求，构建 PPP 项目合理回报机制。对于政府性基金预算，可在符合政策方向和相关规定的前提下，统筹用于支持 PPP 项目。对于使用者付费项目，涉及特许经营权的要依法定程序评估价值，合理折价入股或授予转让，切实防止国有资产流失。对于使用者付费完全覆盖成本和收益的项目，要依据合同将超额收益的政府方分成部分及时足额监缴入国库，并按照事先约定的价格调整机制，确保实现价格动态调整，切实减轻公众负担。

九、简政放权释放市场主体潜力。各级财政部门要联合有关部门，加强项目前期立项程序与 PPP 模式操作流程的优化与衔接，进一步减少行政审批环节。对于涉及工程建设、设备采购或服务外包的 PPP 项目，已经依据政府采购法选定社会资本合作方的，合作方依法能够自行建设、生产或者提供服务的，按照《招标投标法实施条例》第九条规定，合作方可以不再进行招标。

十、进一步加大财政扶持力度。各级财政部门要落实好国家支持公共服务领域 PPP 项目的财政税收优惠政策，加强政策解读和宣传，积极与中国政企合作投资基金做好项目对接，基金将优先支持符合条件的各级财政部门示范项目。鼓励各级财政部门因地制宜、主动作为，探索财政资金撬动社会资金和金融资本参与PPP 项目的有效方式，通过前期费用补助、以奖代补等手段，为项目规范实施营造良好的政策环境。

十一、充分发挥 PPP 综合信息平台作用。各级财政部门要通过 PPP 综合信息平台加快项目库、专家库建设，增强监管能力和服务水平。要督促项目实施单位，依托 PPP 综合信息平台，及时向社会公开项目实施方案、合同、实施情况等信息。要加强信息共享，促进项目对接，确保项目实施公开透明、有序推进，保证项目实施质量。

各级财政部门要高度重视，切实发挥好统筹协调作用，主动与有关部门沟通合作，合力做好公共服务领域深化 PPP 改革工作，更好地汇聚社会力量增加公共服务供给。

财政部

2016 年 10 月 11 日

附录四

国务院办公厅关于印发地方政府性债务风险应急处置预案的通知

国办函〔2016〕88 号

各省、自治区、直辖市人民政府，国务院各部委、各直属机构：

经国务院同意，现将《地方政府性债务风险应急处置预案》印发给你们，请认真组织实施。

国务院办公厅

2016 年 10 月 27 日

地方政府性债务风险应急处置预案

1　总则

1.1　目的

1.2　工作原则

1.3　编制依据

1.4　适用范围

2　组织指挥体系及职责

2.1　应急组织机构

2.2　部门职责

3　预警和预防机制

3.1　预警监测

3.2　信息报告

3.3　分类处置

3.4　债务风险事件级别

4 应急响应

4.1 分级响应和应急处置

4.2 地方政府财政重整计划

4.3 舆论引导

4.4 应急终止

5 后期处置

5.1 债务风险事件应急处置记录及总结

5.2 评估分析

6 保障措施

6.1 通信保障

6.2 人力保障

6.3 资源保障

6.4 安全保障

6.5 技术储备与保障

6.6 责任追究

7 附则

7.1 预案管理

7.2 预案解释

7.3 预案实施时间

1 总则

1.1 目的

建立健全地方政府性债务风险应急处置工作机制，坚持快速响应、分类施策、各司其职、协同联动、稳妥处置，牢牢守住不发生区域性系统性风险的底线，切实防范和化解财政金融风险，维护经济安全和社会稳定。

1.2 工作原则

1.2.1 分级负责

省级政府对本地区政府性债务风险应急处置负总责，省以下地方各级政府按照属地原则各负其责。国务院有关部门在国务院统一领导下加强对地方政府性债务风险应急处置的指导。跨省（自治区、直辖市）政府性债务风险应急处置由相关地区协商办理。

1.2.2　及时应对

地方各级政府应当坚持预防为主、预防和应急处置相结合，加强对政府性债务风险的监控，及时排查风险隐患，妥善处置风险事件。

1.2.3　依法处置

地方政府性债务风险事件应急处置应当依法合规，尊重市场化原则，充分考虑并维护好各方合法权益。

1.3　编制依据

《中华人民共和国预算法》《中华人民共和国突发事件应对法》《国务院关于加强地方政府性债务管理的意见》（国发〔2014〕43号）、《国务院办公厅关于印发突发事件应急预案管理办法的通知》（国办发〔2013〕101号）等。

1.4　适用范围

本预案所称地方政府性债务风险事件，是指地方政府已经或者可能无法按期支付政府债务本息，或者无力履行或有债务法定代偿责任，容易引发财政金融风险，需要采取应急处置措施予以应对的事件。

本预案所称存量债务，是指清理甄别认定的2014年末地方政府性债务，包括存量政府债务和存量或有债务。

1.4.1　政府债务风险事件

（1）政府债券风险事件：指地方政府发行的一般债券、专项债券还本付息出现违约。

（2）其他政府债务风险事件：指除地方政府债券外的其他存量政府债务还本付息出现违约。

1.4.2　或有债务风险事件

（1）政府提供担保的债务风险事件：指由企事业单位举借、地方政府及有关部门提供担保的存量或有债务出现风险，政府需要依法履行担保责任或相应民事责任却无力承担。

（2）政府承担救助责任的债务风险事件：指企事业单位因公益性项目举借、由非财政性资金偿还，地方政府在法律上不承担偿债或担保责任的存量或有债务出现风险，政府为维护经济安全或社会稳定需要承担一定的救助责任却无力救助。

2 组织指挥体系及职责

2.1 应急组织机构

县级以上地方各级政府设立政府性债务管理领导小组（以下简称债务管理领导小组），作为非常设机构，负责领导本地区政府性债务日常管理。当本地区出现政府性债务风险事件时，根据需要转为政府性债务风险事件应急领导小组（以下简称债务应急领导小组），负责组织、协调、指挥风险事件应对工作。

债务管理领导小组（债务应急领导小组）由本级政府主要负责人任组长，成员单位包括财政、发展改革、审计、国资、地方金融监管等部门、单位以及人民银行分支机构、当地银监部门，根据工作需要可以适时调整成员单位。

2.2 部门职责

2.2.1 财政部门是政府性债务的归口管理部门，承担本级债务管理领导小组（债务应急领导小组）办公室职能，负责债务风险日常监控和定期报告，组织提出债务风险应急措施方案。

2.2.2 债务单位行业主管部门是政府性债务风险应急处置的责任主体，负责定期梳理本行业政府性债务风险情况，督促举借债务或使用债务资金的有关单位制定本单位债务风险应急预案；当出现债务风险事件时，落实债务还款资金安排，及时向债务应急领导小组报告。

2.2.3 发展改革部门负责评估本地区投资计划和项目，根据应急需要调整投资计划，牵头做好企业债券风险的应急处置工作。

2.2.4 审计部门负责对政府性债务风险事件开展审计，明确有关单位和人员的责任。

2.2.5 地方金融监管部门负责按照职能分工协调所监管的地方金融机构配合开展政府性债务风险处置工作。

2.2.6 人民银行分支机构负责开展金融风险监测与评估，牵头做好区域性系统性金融风险防范和化解工作，维护金融稳定。

2.2.7　当地银监部门负责指导银行业金融机构等做好风险防控，协调银行业金融机构配合开展风险处置工作，牵头做好银行贷款、信托、非法集资等风险处置工作。

2.2.8　其他部门（单位）负责本部门（单位）债务风险管理和防范工作，落实政府性债务偿还化解责任。

3　预警和预防机制

3.1　预警监测

财政部建立地方政府性债务风险评估和预警机制，定期评估各地区政府性债务风险情况并作出预警，风险评估和预警结果应当及时通报有关部门和省级政府。省级财政部门应当按照财政部相关规定做好本地区政府性债务风险评估和预警工作，及时实施风险评估和预警，做到风险早发现、早报告、早处置。

此外，地方各级政府及其财政部门应当将政府及其部门与其他主体签署协议承诺用以后年度财政资金支付的事项，纳入监测范围，防范财政风险。

地方各级政府应当定期排查风险隐患，防患于未然。

3.2　信息报告

地方各级政府应当建立地方政府性债务风险事件报告制度，发现问题及时报告，不得瞒报、迟报、漏报、谎报。

3.2.1　政府债务风险事件报告

设区的市级、县级政府（以下统称市县政府）预计无法按期足额支付到期政府债务本息的，应当提前2个月以上向上级或省级政府报告，并抄送上级或省级财政部门。发生突发或重大情况，县级政府可以直接向省级政府报告，并抄送省级财政部门。省级财政部门接报后应当立即将相关情况通报债务应急领导小组各成员单位，并抄送财政部驻本地区财政监察专员办事处。

3.2.2　或有债务风险事件报告

地方政府或有债务的债务人预计无法按期足额支付或有债务本息的，应当提前1个月以上向本级主管部门和财政部门报告，经财政部门会同主管部门确认无力履行法定代偿责任或必要救助责任后，由本级政府向上级或省级政府报告，并抄送上级或省级财政部门。遇突发或重大事件，县级政府可以直接向省级政府报告，并抄送省级财政部门。省级财政部门接报后应当立即将相关情况通报债务应急领导小组各成员单位，并抄送财政部驻本地区财政监察专员办事处。

3.2.3　报告内容

包括预计发生违约的地方政府性债务类别、债务人、债权人、期限、本息、原定偿还安排等基本信息，风险发生原因，事态发展趋势，可能造成的损失，已采取及拟采取的应对措施等。

3.2.4　报告方式

一般采取书面报告形式。紧急情况下可采取先电话报告、后书面报告的方式。

3.3　分类处置

3.3.1　地方政府债券

对地方政府债券，地方政府依法承担全部偿还责任。

3.3.2　非政府债券形式的存量政府债务

对非政府债券形式的存量政府债务，经地方政府、债权人、企事业单位等债务人协商一致，可以按照《中华人民共和国合同法》第八十四条等有关规定分类处理：

（1）债权人同意在规定期限内置换为政府债券的，地方政府不得拒绝相关偿还义务转移，并应承担全部偿还责任。地方政府应当通过预算安排、资产处置等方式积极筹措资金，偿还到期政府债务本息。

（2）债权人不同意在规定期限内置换为政府债券的，仍由原债务人依法承担偿债责任，对应的地方政府债务限额由中央统一收回。地方政府作为出资人，在出资范围内承担有限责任。

3.3.3　存量或有债务

（1）存量担保债务。存量担保债务不属于政府债务。按照《中华人民共和国担保法》及其司法解释规定，除外国政府和国际经济组织贷款外，地方政府及其部门出具的担保合同无效，地方政府及其部门对其不承担偿债责任，仅依法承担适当民事赔偿责任，但最多不应超过债务人不能清偿部分的二分之一；担保额小于债务人不能清偿部分二分之一的，以担保额为限。

具体金额由地方政府、债权人、债务人参照政府承诺担保金额、财政承受能力等协商确定。

（2）存量救助债务。存量救助债务不属于政府债务。对政府可能承担一定救助责任的存量或有债务，地方政府可以根据具体情况实施救助，但保留对债务人的追偿权。

3.3.4　新发生的违法违规担保债务

对 2014 年修订的《中华人民共和国预算法》施行以后地方政府违法违规提供担保承诺的债务，参照 3.3.3 第（1）项依法处理。

3.3.5　其他事项

地方政府性债务风险分类处置的具体办法由财政部另行制定，作为本预案的配套文件，经国务院同意后实施。

3.4　债务风险事件级别

按照政府性债务风险事件的性质、影响范围和危害程度等情况，划分为Ⅰ级（特大）、Ⅱ级（重大）、Ⅲ级（较大）、Ⅳ级（一般）四个等级。当政府性债务风险事件等级指标有交叉、难以判定级别时，按照较高一级处置，防止风险扩散；当政府性债务风险事件等级随时间推移有所上升时，按照升级后的级别处置。

政府性债务风险事件监测主体为省级、设区的市级、县级政府。经济开发区管委会等县级以上政府派出机构的政府性债务风险事件按照行政隶属关系由所属政府负责监测。

3.4.1　Ⅰ级（特大）债务风险事件，是指出现下列情形之一

（1）省级政府发行的地方政府债券到期本息兑付出现违约；

（2）省级或全省（自治区、直辖市）15%以上的市县政府无法偿还地方政府债务本息，或者因偿还政府债务本息导致无法保障必要的基本民生支出和政府有效运转支出；

（3）省级或全省（自治区、直辖市）15%以上的市县政府无法履行或有债务的法定代偿责任或必要救助责任，或者因履行上述责任导致无法保障必要的基本民生支出和政府有效运转支出；

（4）全省（自治区、直辖市）地方政府债务本金违约金额占同期本地区政府债务应偿本金 10%以上，或者利息违约金额占同期应付利息 10%以上；

（5）省级政府需要认定为Ⅰ级债务风险事件的其他情形。

3.4.2 Ⅱ级（重大）债务风险事件，是指出现下列情形之一

（1）省级政府连续 3 次以上出现地方政府债券发行流标现象；

（2）全省（自治区、直辖市）或设区的市级政府辖区内 10%以上（未达到 15%）的市级或县级政府无法支付地方政府债务本息，或者因兑付政府债务本息导致无法保障必要的基本民生支出和政府有效运转支出；

（3）全省（自治区、直辖市）或设区的市级政府辖区内 10%以上（未达到 15%）的市级或县级政府无法履行或有债务的法定代偿责任或必要救助责任，或者因履行上述责任导致无法保障必要的基本民生支出和政府有效运转支出；

（4）县级以上地方政府债务本金违约金额占同期本地区政府债务应偿本金 5%以上（未达到 10%），或者利息违约金额占同期应付利息 5%以上（未达到 10%）；

（5）因到期政府债务违约，或者因政府无法履行或有债务的法定代偿责任或必要救助责任，造成重大群体性事件，影响极为恶劣；

（6）县级以上地方政府需要认定为Ⅱ级债务风险事件的其他情形。

3.4.3 Ⅲ级（较大）债务风险事件，是指出现下列情形之一

（1）全省（自治区、直辖市）或设区的市级政府辖区内 2 个以上但未达到 10%的市级或县级政府无法支付地方政府债务本息，或者因兑付政府债务本息导致无法保障必要的基本民生支出和政府有效运转支出；

（2）全省（自治区、直辖市）或设区的市级政府辖区内 2 个以上但未达到 10%的市级或县级政府无法履行或有债务的法定代偿责任或必要救助责任，或者因履行上述责任导致无法保障必要的基本民生支出和政府有效运转支出；

（3）县级以上地方政府债务本金违约金额占同期本地区政府债务应偿本金 1%以上（未达到 5%），或者利息违约金额占同期应付利息 1%以上（未达到 5%）；

（4）因到期政府债务违约，或者因政府无法履行或有债务的法定代偿责任或必要救助责任，造成较大群体性事件；

（5）县级以上地方政府需要认定为Ⅲ级债务风险事件的其他情形。

3.4.4 Ⅳ级（一般）债务风险事件，是指出现下列情形之一

（1）单个市县政府本级偿还政府债务本息实质性违约，或因兑付政府债务本息导致无法保障必要的基本民生支出和政府有效运转支出；

（2）单个市县政府本级无法履行或有债务的法定代偿责任或必要救助责任，或因履行上述责任导致无法保障必要的基本民生支出和政府有效运转支出；

（3）因到期政府债务违约，或者因政府无法履行或有债务的法定代偿责任或必要救助责任，造成群体性事件；

（4）县级以上地方政府需要认定为Ⅳ级债务风险事件的其他情形。

4 应急响应

4.1 分级响应和应急处置

地方政府对其举借的债务负有偿还责任，中央实行不救助原则。地方政府要加强日常风险管理，按照财政部《地方政府性债务风险分类处置指南》，妥善处理政府性债务偿还问题。同时，要加强财政资金流动性管理，避免出现因流动性管理不善导致政府性债务违约。对因无力偿还政府债务本息或无力承担法定代偿责任等引发风险事件的，根据债务风险等级，相应及时实行分级响应和应急处置。

4.1.1 Ⅳ级债务风险事件应急响应

（1）相关市县债务管理领导小组应当转为债务应急领导小组，对风险事件进行研判，查找原因，明确责任，立足自身化解债务风险。

①以一般公共预算收入作为偿债来源的一般债务违约的，在保障必要的基本民生支出和政府有效运转支出前提下，可以采取调减投资计划、统筹各类结余结转资金、调入政府性基金或国有资本经营预算收入、动用预算稳定调节基金或预备费等方式筹措资金偿还，必要时可以处置政府资产。对政府提供担保或承担必要救助责任的或有债务，政府无力承担相应责任时，也按照上述原则处理。

②以政府性基金收入作为偿债来源的专项债务，因政府性基金收入不足造成债务违约的，在保障部门基本运转和履职需要的前提下，应当通过调入项目运营

收入、调减债务单位行业主管部门投资计划、处置部门和债务单位可变现资产、调整部门预算支出结构、扣减部门经费等方式筹集资金偿还债务。对部门提供担保形成的或有债务，政府无力承担相应责任时，也按照上述原则处理。

③因债权人不同意变更债权债务关系或不同意置换，导致存量政府债务无法在规定期限内依法转换成政府债券的，原有债权债务关系不变，由债务单位通过安排单位自有资金、处置资产等方式自筹资金偿还。若债务单位无力自筹资金偿还，可按市场化原则与债权人协商进行债务重组或依法破产，政府在出资范围内承担有限责任。对政府或有债务，也按照上述原则处理。

④市县政府出现债务风险事件后，在恢复正常偿债能力前，除国务院确定的重点项目外，原则上不得新上政府投资项目。在建政府投资项目能够缓建的，可以暂停建设，腾出资金依法用于偿债。

（2）市县债务管理领导小组或债务应急领导小组认为确有必要时，可以启动财政重整计划。市县政府年度一般债务付息支出超过当年一般公共预算支出10%的，或者专项债务付息支出超过当年政府性基金预算支出10%的，债务管理领导小组或债务应急领导小组必须启动财政重整计划。

（3）市县政府应当将债务风险应急处置情况向省级政府报备。

4.1.2　Ⅲ级债务风险事件应急响应

除采取Ⅳ级债务风险事件应对措施外，还应当采取以下升级应对措施：

（1）相关地区债务管理领导小组应当转为债务应急领导小组，将债务风险情况和应急处置方案专题向上级债务管理领导小组报告。

（2）上级债务管理领导小组应当密切关注事态变化，加强政策指导，及时组织召开专题会议通报风险处置情况，必要时可以成立工作组进驻风险地区，指导支持债务风险处置工作。

（3）市县政府偿还省级政府代发的到期地方政府债券（包括一般债券和专项债券）有困难的，可以申请由上级财政先行代垫偿还，事后扣回。

（4）市县政府应当将债务风险应急处置进展情况和处置结果上报省级政府，并抄送省级财政部门。

4.1.3　Ⅱ级债务风险事件应急响应

除采取Ⅳ级、Ⅲ级债务风险事件应对措施外，还应当采取以下升级应对措施：

（1）省级债务管理领导小组应当转为债务应急领导小组，汇总有关情况向省级政府报告，动态监控风险事件进展，指导和支持市县政府化解债务风险。

（2）市县政府统筹本级财力仍无法解决到期债务偿债缺口并且影响政府正常运转或经济社会稳定的，可以向省级债务应急领导小组申请救助，申请内容主要包括债务风险情况说明、本级政府应急方案及已采取的应急措施、需上级政府帮助解决的事项等。

（3）省级债务应急领导小组对市县政府救助申请提出审核意见，报省级政府批准后实施，并立即启动责任追究程序。

（4）省级政府适当扣减Ⅱ级债务风险事件涉及市县新增地方政府债券规模。

（5）省级债务应急领导小组督促市县政府落实债务风险应急处置措施，跟踪债务风险化解情况。必要时，省级政府可以成立工作组进驻风险地区，帮助或者接管风险地区财政管理，帮助制定或者组织实施风险地区财政重整计划。

4.1.4　Ⅰ级债务风险事件应急响应

除采取Ⅳ级、Ⅲ级、Ⅱ级债务风险事件应对措施外，还应当采取以下升级应对措施：

（1）省级债务应急领导小组应当及时将债务风险情况和应急处置方案向财政部报告，必要时由财政部向国务院报告。

（2）省级政府偿还到期地方政府债券本息有困难的，国务院可以对其提前调度部分国库资金周转，事后扣回。必要时国务院可以成立工作组进驻风险地区，予以指导和组织协调。

（3）市县政府建立债务风险处置信息定期向省级债务应急领导小组报告的机制，重大事项必须立即报告。

（4）省级债务应急领导小组报请省级政府通报Ⅰ级债务风险事件涉及市县名单，启动债务风险责任追究机制。

（5）省级政府暂停Ⅰ级债务风险事件涉及市县新增地方政府债券的资格。

4.2 地方政府财政重整计划

实施地方政府财政重整计划必须依法履行相关程序，保障必要的基本民生支出和政府有效运转支出，要注重与金融政策相互协调，加强与金融机构的沟通，不得因为偿还债务本息影响政府基本公共服务的提供。财政重整计划包括但不限于以下内容：

（1）拓宽财源渠道。依法加强税收征管，加大清缴欠税欠费力度，确保应收尽收。落实国有资源有偿使用制度，增加政府资源性收入。除法律、行政法规和国务院规定的财税优惠政策之外，可以暂停其他财税优惠政策，待风险解除后再行恢复。

（2）优化支出结构。财政重整期内，除必要的基本民生支出和政府有效运转支出外，视债务风险事件等级，本级政府其他财政支出应当保持"零增长"或者大力压减。一是压缩基本建设支出。不得新批政府投资计划，不得新上政府投资项目；不得设立各类需要政府出资的投资基金等，已设立的应当制订分年退出计划并严格落实。二是压缩政府公用经费。实行公务出国（境）、培训、公务接待等项目"零支出"，大力压缩政府咨询、差旅、劳务等各项支出。三是控制人员福利开支。机关事业单位暂停新增人员，必要时采取核减机构编制、人员等措施；暂停地方自行出台的机关事业单位各项补贴政策，压减直至取消编制外聘用人员支出。四是清理各类对企事业单位的补助补贴。暂停或取消地方出台的各类奖励、对企业的政策性补贴和贴息、非基本民生类补贴等。五是调整过高支出标准，优先保障国家出台的教育、社保、医疗、卫生等重大支出政策，地方支出政策标准不得超过国家统一标准。六是暂停土地出让收入各项政策性计提。土地出让收入扣除成本性支出后应全部用于偿还债务。

（3）处置政府资产。指定机构统一接管政府及其部门拥有的各类经营性资产、行政事业单位资产、国有股权等，结合市场情况予以变现，多渠道筹集资金偿还债务。

（4）申请省级救助。采取上述措施后，风险地区财政收支仍难以平衡的，可以向省级政府申请临时救助，包括但不限于：代偿部分政府债务，加大财政转移支付力度，减免部分专项转移支付配套资金。待财政重整计划实施结束后，由省级政府自行决定是否收回相关资金。

（5）加强预算审查。实施财政重整计划以后，相关市县政府涉及财政总预算、部门预算、重点支出和重大投资项目、政府债务等事项，在依法报本级人民代表大会或其常委会审查批准的同时，必须报上级政府备案。上级政府对下级政府报送备案的预算调整方案要加强审核评估，认为有不适当之处需要撤销批准预算的决议的，应当依法按程序提请本级人民代表大会常委会审议决定。

（6）改进财政管理。相关市县政府应当实施中期财政规划管理，妥善安排财政收支预算，严格做好与化解政府性债务风险政策措施的衔接。

4.3　舆论引导

根据处置债务风险事件的需要，启动应急响应的地方政府或其债务风险应急领导小组应当及时跟踪和研判舆情，健全新闻发布制度，指定专门的新闻发言人，统一对外发布信息，正确引导舆论。

4.4　应急终止

地方政府性债务风险得到缓解、控制，地方政府实现财政重整目标，经上级政府债务管理领导小组或债务应急领导小组同意，终止应急措施。

5　后期处置

5.1　债务风险事件应急处置记录及总结

在债务风险事件应急处置过程中，相关地方政府应当详尽、具体、准确地做好工作记录，及时汇总、妥善保管有关文件资料。应急处置结束后，要及时形成书面总结，向本级人民代表大会常委会和上级政府报告。

5.2　评估分析

债务风险事件应急处置结束后，有关地方政府及其财政部门要对债务风险事件应急处置情况进行评估。评估内容主要包括：债务风险事件形成原因、应急响应过程、应急处置措施、应急处置效果以及对今后债务管理的持续影响等。相关地区应当根据评估结果，及时总结经验教训，改进完善应急处置预案。

6 保障措施

6.1 通信保障

启动应急响应的地方政府应当保持应急指挥联络畅通，有关部门应当指定联络员，提供单位地址、办公电话、手机、传真、电子邮箱等多种联系方式。

6.2 人力保障

各地要加强地方政府性债务管理队伍建设，提高相关人员政策理论、日常管理、风险监测、应急处置、舆情应对等业务能力。启动应急响应的地方政府应当部署各有关部门安排人员具体落实相关工作。

6.3 资源保障

发生地方政府性债务风险事件的地方政府要统筹本级财政资金、政府及其部门资产、政府债权等可偿债资源，为偿还债务提供必要保障。

6.4 安全保障

应急处置过程中，对可能影响公共安全和社会稳定的事件，要提前防范、及时控制、妥善处理；遵守保密规定，对涉密信息要加强管理，严格控制知悉范围。

6.5 技术储备与保障

债务应急领导小组可以根据需要，建立咨询机制，抽调有关专业人员组成债务风险事件应急专家组，参加应急处置工作，提供技术、法律等方面支持。

6.6 责任追究

6.6.1 违法违规责任范围

（1）违反《中华人民共和国预算法》《中华人民共和国银行业监督管理法》等法律规定的下列行为：

政府债务余额超过经批准的本地区地方政府债务限额；

政府及其部门通过发行地方政府债券以外的方式举借政府债务，包括但不限于通过企事业单位举借政府债务；

举借政府债务没有明确的偿还计划和稳定的偿还资金来源；

政府或其部门违反法律规定，为单位和个人的债务提供担保；

银行业金融机构违反法律、行政法规以及国家有关银行业监督管理规定的；

政府债务资金没有依法用于公益性资本支出；

增加举借政府债务未列入预算调整方案报本级人民代表大会常委会批准；

未按规定对举借政府债务的情况和事项作出说明、未在法定期限内向社会公开；

其他违反法律规定的行为。

（2）违反《国务院关于加强地方政府性债务管理的意见》（国发〔2014〕43号）等有关政策规定的下列行为：

政府及其部门在预算之外违法违规举借债务；

金融机构违法违规向地方政府提供融资，要求地方政府违法违规提供担保；

政府及其部门挪用债务资金或违规改变债务资金用途；

政府及其部门恶意逃废债务；

债务风险发生后，隐瞒、迟报或授意他人隐瞒、谎报有关情况；

其他违反财政部等部门制度规定的行为。

6.6.2　追究机制响应

发生Ⅳ级以上地方政府性债务风险事件后，应当适时启动债务风险责任追究机制，地方政府应依法对相关责任人员进行行政问责；银监部门应对银行业金融机构相关责任人员依法追责。

6.6.3　责任追究程序

（1）省级债务管理领导小组组织有关部门，对发生地方政府性债务风险的市县政府开展专项调查或专项审计，核实认定债务风险责任，提出处理意见，形成调查或审计报告，报省级政府审定。

（2）有关任免机关、监察机关、银监部门根据有关责任认定情况，依纪依法对相关责任单位和人员进行责任追究；对涉嫌犯罪的，移交司法机关进行处理。

（3）省级政府应当将地方政府性债务风险处置纳入政绩考核范围。对实施财政重整的市县政府，视债务风险事件形成原因和时间等情况，追究有关人员的责任。属于在本届政府任期内举借债务形成风险事件的，在终止应急措施之前，政府主要领导同志不得重用或提拔；属于已经离任的政府领导责任的，应当依纪依法追究其责任。

7 附则

7.1 预案管理

本预案由财政部制订，报国务院批准后实施。本预案实施后，财政部应会同有关部门组织宣传、培训，加强业务指导，并根据实施情况适时进行评估和修订。县级以上地方各级人民政府要结合实际制定当地债务风险应急处置预案。

7.2 预案解释

本预案由财政部负责解释。

7.3 预案实施时间

本预案自印发之日起实施。

附录五

关于坚决制止地方以政府购买服务名义违法违规融资的通知

（财预〔2017〕87号）

各省、自治区、直辖市、计划单列市财政厅（局）：

《国务院办公厅关于政府向社会力量购买服务的指导意见》（国办发〔2013〕96号）印发后，各地稳步推进政府购买服务工作，取得了良好成效。同时，一些地区存在违法违规扩大政府购买服务范围、超越管理权限延长购买服务期限等问题，加剧了财政金融风险。根据《中华人民共和国预算法》《中华人民共和国政府采购法》《国务院关于实行中期财政规划管理的意见》（国发〔2015〕3号）、国办发〔2013〕96号文件等规定，为规范政府购买服务管理，制止地方政府违法违规举债融资行为，防范化解财政金融风险，现就有关事项通知如下：

一、坚持政府购买服务改革正确方向。推广政府购买服务是党的十八届三中全会决定明确的一项重要改革任务，有利于加快转变政府职能、改善公共服务供给、推进财政支出方式改革。政府购买服务所需资金应当在年度预算和中期财政规划中据实足额安排。实施政府购买服务改革，要坚持费随事转，注重与事业单位改革、行业协会商会与行政主管部门脱钩转制改革、支持社会组织培育发展等政策相衔接，带动和促进政事分开、政社分开。地方政府及其所属部门要始终准确把握并牢固坚持政府购买服务改革的正确方向，依法依规、积极稳妥地加以推进。

二、严格按照规定范围实施政府购买服务。政府购买服务内容应当严格限制在属于政府职责范围、适合采取市场化方式提供、社会力量能够承担的服务事项，重点是有预算安排的基本公共服务项目。科学制定并适时完善分级分部门政府购买服务指导性目录，增强指导性目录的约束力。对暂时未纳入指导性目录又确需购买的服务事项，应当报财政部门审核备案后调整实施。

严格按照《中华人民共和国政府采购法》确定的服务范围实施政府购买服务，不得将原材料、燃料、设备、产品等货物，以及建筑物和构筑物的新建、改建、扩建及其相关的装修、拆除、修缮等建设工程作为政府购买服务项目。严禁将铁路、公路、机场、通信、水电煤气，以及教育、科技、医疗卫生、文化、体育等领域的基础设施建设，储备土地前期开发，农田水利等建设工程作为政府购买服务项目。严禁将建设工程与服务打包作为政府购买服务项目。严禁将金融机构、融资租赁公司等非金融机构提供的融资行为纳入政府购买服务范围。政府建设工程项目确需使用财政资金，应当依照《中华人民共和国政府采购法》及其实施条例、《中华人民共和国招标投标法》规范实施。

三、严格规范政府购买服务预算管理。政府购买服务要坚持先有预算、后购买服务，所需资金应当在既有年度预算中统筹考虑，不得把政府购买服务作为增加预算单位财政支出的依据。地方各级财政部门应当充分考虑实际财力水平，妥善做好政府购买服务支出与年度预算、中期财政规划的衔接，足额安排资金，保障服务承接主体合法权益。年度预算未安排资金的，不得实施政府购买服务。购买主体应当按照批准的预算执行，从部门预算经费或经批准的专项资金等既有年度预算中统筹安排购买服务资金。购买主体签订购买服务合同，应当确认涉及的财政支出已在年度预算和中期财政规划中安排。政府购买服务期限应严格限定在年度预算和中期财政规划期限内。党中央、国务院统一部署的棚户区改造、易地扶贫搬迁工作中涉及的政府购买服务事项，按照相关规定执行。

四、严禁利用或虚构政府购买服务合同违法违规融资。金融机构涉及政府购买服务的融资审查，必须符合政府预算管理制度相关要求，做到依法合规。承接主体利用政府购买服务合同向金融机构融资时，应当配合金融机构做好合规性管理，相关合同在购买内容和期限等方面必须符合政府购买服务有关法律和制度规定。地方政府及其部门不得利用或虚构政府购买服务合同为建设工程变相举债，不得通过政府购买服务向金融机构、融资租赁公司等非金融机构进行融资，不得以任何方式虚构或超越权限签订应付（收）账款合同帮助融资平台公司等企业融资。

五、切实做好政府购买服务信息公开。各地应当将年度预算中政府购买服务总金额、纳入中期财政规划的政府购买服务总金额以及政府购买服务项目有关预算信息，按规定及时向社会公开，提高预算透明度。购买主体应当依法在中国政府采购网及其地方分网及时公开政府购买服务项目相关信息，包括政府购买服务内容、购买方式、承接主体、合同金额、分年财政资金安排、合同期限、绩效评价等，确保政府购买服务项目信息真实准确，可查询、可追溯。坚决防止借政府购买服务名义进行利益输送等违法违规行为。

各省级财政部门要充分认识规范政府购买服务管理、防范财政金融风险的重要性，统一思想，加强领导，周密部署，报经省级政府批准后，会同相关部门组织全面摸底排查本地区政府购买服务情况，发现违法违规问题的，督促相关地区和单位限期依法依规整改到位，并将排查和整改结果于 2017 年 10 月底前报送财政部。

特此通知。

财政部

2017 年 5 月 28 日

附录六

关于进一步规范地方政府举债融资行为的通知

财预〔2017〕50号

各省、自治区、直辖市、计划单列市财政厅（局）、发展改革委、司法厅（局），中国人民银行上海总部、各分行、营业管理部、省会（首府）城市中心支行、副省级城市中心支行，各银监局、证监局：

2014年修订的预算法和《国务院关于加强地方政府性债务管理的意见》（国发〔2014〕43号）实施以来，地方各级政府加快建立规范的举债融资机制，积极发挥政府规范举债对经济社会发展的支持作用，防范化解财政金融风险，取得了阶段性成效。但个别地区违法违规举债担保时有发生，局部风险不容忽视。为贯彻落实党中央、国务院决策部署，牢牢守住不发生区域性系统性风险的底线，现就进一步规范地方政府举债融资行为有关事项通知如下：

一、全面组织开展地方政府融资担保清理整改工作

各省级政府要认真落实国务院办公厅印发的《地方政府性债务风险应急处置预案》（国办函〔2016〕88号）要求，抓紧设立政府性债务管理领导小组，指导督促本级各部门和市县政府进一步完善风险防范机制，结合2016年开展的融资平台公司债务等统计情况，尽快组织一次地方政府及其部门融资担保行为摸底排查，督促相关部门、市县政府加强与社会资本方的平等协商，依法完善合同条款，分类妥善处置，全面改正地方政府不规范的融资担保行为。上述工作应当于2017年7月31日前清理整改到位，对逾期不整改或整改不到位的相关部门、市县政府，省级政府性债务管理领导小组应当提请省级政府依法依规追究相关责任人的责任。财政部驻各地财政监察专员办事处要密切跟踪地方工作进展，发现问题及时报告。

二、切实加强融资平台公司融资管理

加快政府职能转变，处理好政府和市场的关系，进一步规范融资平台公司融资行为管理，推动融资平台公司尽快转型为市场化运营的国有企业、依法合规开展市场化融资，地方政府及其所属部门不得干预融资平台公司日常运营和市场化融资。地方政府不得将公益性资产、储备土地注入融资平台公司，不得承诺将储备土地预期出让收入作为融资平台公司偿债资金来源，不得利用政府性资源干预金融机构正常经营行为。金融机构应当依法合规支持融资平台公司市场化融资，服务实体经济发展。进一步健全信息披露机制，融资平台公司在境内外举债融资时，应当向债权人主动书面声明不承担政府融资职能，并明确自 2015 年 1 月 1 日起其新增债务依法不属于地方政府债务。金融机构应当严格规范融资管理，切实加强风险识别和防范，落实企业举债准入条件，按商业化原则履行相关程序，审慎评估举债人财务能力和还款来源。金融机构为融资平台公司等企业提供融资时，不得要求或接受地方政府及其所属部门以担保函、承诺函、安慰函等任何形式提供担保。对地方政府违法违规举债担保形成的债务，按照《国务院办公厅关于印发地方政府性债务风险应急处置预案的通知》（国办函〔2016〕88 号）、《财政部关于印发〈地方政府性债务风险分类处置指南〉的通知》（财预〔2016〕152 号）依法妥善处理。

三、规范政府与社会资本方的合作行为

地方政府应当规范政府和社会资本合作（PPP）。允许地方政府以单独出资或与社会资本共同出资方式设立各类投资基金，依法实行规范的市场化运作，按照利益共享、风险共担的原则，引导社会资本投资经济社会发展的重点领域和薄弱环节，政府可适当让利。地方政府不得以借贷资金出资设立各类投资基金，严禁地方政府利用 PPP、政府出资的各类投资基金等方式违法违规变相举债，除国务院另有规定外，地方政府及其所属部门参与 PPP 项目、设立政府出资的各类投资基金时，不得以任何方式承诺回购社会资本方的投资本金，不得以任何方式承担社会资本方的投资本金损失，不得以任何方式向社会资本方承诺最低收益，不得

对有限合伙制基金等任何股权投资方式额外附加条款变相举债。

四、进一步健全规范的地方政府举债融资机制

全面贯彻落实依法治国战略，严格执行预算法和国发〔2014〕43 号文件规定，健全规范的地方政府举债融资机制，地方政府举债一律采取在国务院批准的限额内发行地方政府债券方式，除此以外地方政府及其所属部门不得以任何方式举借债务。地方政府及其所属部门不得以文件、会议纪要、领导批示等任何形式，要求或决定企业为政府举债或变相为政府举债。允许地方政府结合财力可能设立或参股担保公司（含各类融资担保基金公司），构建市场化运作的融资担保体系，鼓励政府出资的担保公司依法依规提供融资担保服务，地方政府依法在出资范围内对担保公司承担责任。除外国政府和国际经济组织贷款转贷外，地方政府及其所属部门不得为任何单位和个人的债务以任何方式提供担保，不得承诺为其他任何单位和个人的融资承担偿债责任。地方政府应当科学制订债券发行计划，根据实际需求合理控制节奏和规模，提高债券透明度和资金使用效益，建立信息共享机制。

五、建立跨部门联合监测和防控机制

完善统计监测机制，由财政部门会同发展改革、人民银行、银监、证监等部门建设大数据监测平台，统计监测政府中长期支出事项以及融资平台公司举借或发行的银行贷款、资产管理产品、企业债券、公司债券、非金融企业债务融资工具等情况，加强部门信息共享和数据校验，定期通报监测结果。开展跨部门联合监管，建立财政、发展改革、司法行政机关、人民银行、银监、证监等部门以及注册会计师协会、资产评估协会、律师协会等行业自律组织参加的监管机制，对地方政府及其所属部门、融资平台公司、金融机构、中介机构、法律服务机构等的违法违规行为加强跨部门联合惩戒，形成监管合力。对地方政府及其所属部门违法违规举债或担保的，依法依规追究负有直接责任的主管人员和其他直接责任人员的责任；对融资平台公司从事或参与违法违规融资活动的，依法依规追究企业及其相关负责人责任；对金融机构违法违规向地方政府提供融资、要求或接受地方政府提供担保承诺的，依法依规追究金融机构及其相关负责人和授信审批人

员责任；对中介机构、法律服务机构违法违规为融资平台公司出具审计报告、资产评估报告、信用评级报告、法律意见书等的，依法依规追究中介机构、法律服务机构及相关从业人员的责任。

六、大力推进信息公开

地方各级政府要贯彻落实中共中央办公厅、国务院办公厅《关于全面推进政务公开工作的意见》等规定和要求，全面推进地方政府及其所属部门举债融资行为的决策、执行、管理、结果等公开，严格公开责任追究，回应社会关切，主动接受社会监督。继续完善地方政府债务信息公开制度，县级以上地方各级政府应当重点公开本地区政府债务限额和余额，以及本级政府债务的规模、种类、利率、期限、还本付息、用途等内容。省级财政部门应当参考国债发行做法，提前公布地方政府债务发行计划。推进政府购买服务公开，地方政府及其所属部门应当重点公开政府购买服务决策主体、购买主体、承接主体、服务内容、合同资金规模、分年财政资金安排、合同期限、绩效评价等内容。推进政府和社会资本合作（PPP）项目信息公开，地方政府及其所属部门应当重点公开政府和社会资本合作（PPP）项目决策主体、政府方和社会资本方信息、合作项目内容和财政承受能力论证、社会资本方采购信息、项目回报机制、合同期限、绩效评价等内容。推进融资平台公司名录公开。

各地区要充分认识规范地方政府举债融资行为的重要性，把防范风险放在更加重要的位置，省级政府性债务管理领导小组要切实担负起地方政府债务管理责任，进一步健全制度和机制，自觉维护总体国家安全，牢牢守住不发生区域性系统性风险的底线。各省（自治区、直辖市、计划单列市）政府性债务管理领导小组办公室应当汇总本地区举债融资行为清理整改工作情况，报省级政府同意后，于2017年8月31日前反馈财政部，抄送发展改革委、人民银行、银监会、证监会。

特此通知。

财政部　发展改革委　司法部　人民银行　银监会　证监会

2017年4月26日

附录七

关于试点发展项目收益与融资自求平衡的地方政府专项债券品种的通知

财预〔2017〕89 号

各省、自治区、直辖市、计划单列市财政厅（局）：

为落实《中华人民共和国预算法》和《国务院关于加强地方政府性债务管理的意见》（国发〔2014〕43 号）精神，健全规范的地方政府举债融资机制，经十二届全国人大五次会议审议批准，完善地方政府专项债券（以下简称专项债券）管理，加快按照地方政府性基金收入项目分类发行专项债券步伐，发挥政府规范举债促进经济社会发展的积极作用。现将有关事项通知如下：

一、政策目标

坚持以推进供给侧结构性改革为主线，围绕健全规范的地方政府举债融资机制，依法完善专项债券管理，指导地方按照本地区政府性基金收入项目分类发行专项债券，着力发展实现项目收益与融资自求平衡的专项债券品种，加快建立专项债券与项目资产、收益相对应的制度，打造立足我国国情、从我国实际出发的地方政府"市政项目收益债"，防范化解地方政府专项债务风险，深化财政与金融互动，引导社会资本加大投入，保障重点领域合理融资需求，更好地发挥专项债券对地方稳增长、促改革、调结构、惠民生、防风险的支持作用。

二、主要内容

（一）依法安排专项债券规模

严格执行法定限额管理，地方政府专项债务余额不得突破专项债务限额。各地试点分类发行专项债券的规模，应当在国务院批准的本地区专项债务限额内统筹安排，包括当年新增专项债务限额、上年末专项债务余额低于限额的部分。

（二）科学制定实施方案

各省、自治区、直辖市、计划单列市（以下简称省级）财政部门负责制定分类发行专项债券试点工作实施方案，重点明确专项债券对应的项目概况、项目预期收益和融资平衡方案、分年度融资计划、年度拟发行专项债券规模和期限、发行计划安排等事项。分类发行专项债券建设的项目，应当能够产生持续稳定的反映为政府性基金收入或专项收入的现金流收入，且现金流收入应当能够完全覆盖专项债券还本付息的规模。

（三）加强部门协调配合

省级财政部门负责按照专项债务管理规定，审核确定分类发行专项债券实施方案和管理办法，组织做好信息披露、信用评级、资产评估等工作。行业主管部门、项目单位负责配合做好专项债券发行准备工作，包括制定项目收益和融资平衡方案、提供必需的项目信息等，合理评估分类发行专项债券对应项目风险，切实履行项目管理责任。

（四）明确市县管理责任

市县级政府确需举借相关专项债务的，依法由省级政府代为分类发行专项债券、转贷市县使用。专项债券既可以对应单一项目发行，也可以对应同一地区多个项目集合发行，具体由市县级财政部门会同有关部门提出建议，报省级财政部门确定。市县级政府及其部门负责承担专项债券的发行前期准备、使用管理、还本付息、信息公开等工作。相关专项债券原则上冠以"××年××省、自治区、直辖市（本级或××市、县）××专项债券（×期）——××年××省、自治区、直辖市政府专项债券（×期）"名称。

（五）推进债券信息公开

分类发行专项债券的地方政府应当及时披露专项债券及其项目信息。财政部门应当在门户网站等及时披露专项债券对应的项目概况、项目预期收益和融资平衡方案、专项债券规模和期限、发行计划安排、还本付息等信息。行业主管部门和项目单位应当及时披露项目进度、专项债券资金使用情况等信息。

（六）强化对应资产管理

省级财政部门应当按照财政部统一要求同步组织建立专项债券对应资产的统计报告制度。地方各级财政部门应当会同行业主管部门、项目单位等加强专项债券项目对应资产管理，严禁将专项债券对应的资产用于为融资平台公司等企业融资提供任何形式的担保。

（七）严格项目偿债责任

专项债券对应的项目取得的政府性基金或专项收入，应当按照该项目对应的专项债券余额统筹安排资金，专门用于偿还到期债券本金，不得通过其他项目对应的项目收益偿还到期债券本金。因项目取得的政府性基金或专项收入暂时难以实现，不能偿还到期债券本金时，可在专项债务限额内发行相关专项债券周转偿还，项目收入实现后予以归还。

三、工作安排

（一）选择重点领域先行试点

2017 年优先选择土地储备、政府收费公路 2 个领域在全国范围内开展试点。鼓励有条件的地方立足本地区实际，围绕省（自治区、直辖市）党委、政府确定的重大战略，积极探索在有一定收益的公益性事业领域分类发行专项债券，以对应的政府性基金或专项收入偿还，项目成熟一个、推进一个。

（二）明确管理程序和时间安排

各地在国务院批准的专项债务限额内发行土地储备、政府收费公路专项债券的，按照财政部下达的额度及制定的统一办法执行。除土地储备、收费公路额度外，各地利用新增专项债务限额，以及利用上年末专项债务限额大于余额的部分自行选择重点项目试点分类发行专项债券的，由省级政府制定实施方案以及专项债券管理办法，提前报财政部备案后组织实施。为加快支出进度，实施方案应当于每年 9 月底前提交财政部。

试点发展项目收益与融资自求平衡的地方政府专项债券品种，是专项债务限额内依法开好"前门"、保障重点领域合理融资需求、支持地方经济社会可持续发展的重要管理创新，也有利于遏制违法违规融资担保行为、防范地方政府债务风险，机制新、任务重、工作量大。请你省（自治区、直辖市、计划单列市）高度重视，将其作为贯彻落实党中央、国务院精神，防控政府债务风险的重要工作，加强组织协调，充实人员配备，狠抓贯彻落实，确保工作取得实效。

　　特此通知。

财政部

2017 年 6 月 2 日

后　记

　　地方政府投融资平台对促进地方经济发展，推动地方基础设施建设，完善社会公共服务发展方面发挥了积极的作用。近年来，各部委为了规范和约束地方政府融资行为、促进地方政府投融资平台转型，陆续发布了相关政策文件，国发〔2014〕43 号文、新预算法、国办函〔2016〕88 号文、财预〔2016〕152 号文以及财预〔2017〕50 号文、财预〔2017〕87 号文、财预〔2017〕89 号文等搭建了地方政府债务管理的全覆盖防范体系。

　　本书基于上述政策背景，力争全面分析我国地方政府投融资平台的现状，通过构建一个较为完整的地方政府投融资平台评价体系，选取我国除西藏外 30 个省（直辖市、自治区）的地方政府投融资平台作为样本，对省级、地市级、区县级三个层面基于地方政府投融资平台的历史数据进行量化分析，为地方政府投融资平台今后成功转型提供理论支撑。与此同时，本书着重分析了几个成功转型的案例，可以为更多谋求变革的地方政府投融资平台提供经验和启发。其中，亳州建投转型建安集团是资源整合重组为公益类国企的典型案例；马鞍山城投转型江东控股、上海城投、上海同盛、上港集团资产重组是多元化发展实现业务转型的典型案例。

　　全书具体的写作分工如下：理论篇（胡恒松、鲍静海、胡继成、赵晓明等），其中，第一章由胡恒松、刘晓燕执笔；第二章由鲍静海、胡继成、刘照执笔；第三章由赵晓明、张明艳、徐丹执笔；第四章由魏洪福、苏跃辉、耿军会执笔。实践篇（黄伟平、李毅、肖一飞、李静等），其中，第一章由黄伟平、费超、霍茹、何君璇执笔；第二章由李毅、付海洋、张成成、徐佳杰执笔；第三章由肖一飞、蒋政、谭远华、王骋宇执笔；第四章由李静执笔；第五章由韩瑞姣、夏宇彤、卢山川、乔北辰执笔；第六章由陈韧、张经纬、王浩博执笔。

本书所依据的地方政府投融资平台数据库的建立，要感谢兴业证券股份有限公司固定收益事业总部和研究所及清华大学、北京大学、中国人民大学等在校研究生的辛苦付出，是他们的辛苦付出才让本书有充分的数据支撑，也使得本书的写作顺利完成。

在此，感谢河北金融学院陈尊厚、杨兆廷、韩景旺、王宪明等校领导的支持；感谢兴业证券固定收益事业总部和研究所黄奕林、王斌、栗蓉、唐跃等同仁的支持；感谢经济管理出版社的大力支持。

由于笔者学术水平有限，书中难免存在疏漏或不尽如人意的地方，欢迎社会各界和广大读者提出宝贵意见，通过邮箱沟通交流。今后我们将再接再厉，不断完善。

胡恒松

（13811103344@163.com）

2017 年 8 月